리얼 Real
로봇공학자

가나

여는 글

도전하라!
로봇공학자의 길

　10년 후에는 1인 1로봇 시대가 올 것이라고 합니다. 로봇 제작이 활발해지는 만큼 로봇공학자에 대한 수요도 높아져 로봇공학자는 그 어떤 직업보다 인기 있는 직종이 될 거라고 예상하기도 합니다. 이런 현실적인 면이 아니라도 로봇공학자는 상당히 매력적인 직업입니다. 사실 남자라면 어린 시절 다들 한 번씩은 로봇을 만들겠다는 꿈을 꾸지 않나요? 나쁜 놈을 무찌르고 뭐든지 척척해내는 로봇을 직접 만들다니, 생각만 해도 얼마나 근사한 일입니까?

　그러나 로봇공학자가 되기란 결코 쉽지 않습니다. 로봇이 첨단 과학기술의 집합체인 만큼 수준 높은 전문 지식을 두루 갖춰야 합니다. 직접 제작도 해야 하니 제작 기술도 필수고, 다양한 공학 지식과 기술을 결합시킬 수 있는 창의력까지 더해져야 합니다. 그야말로 팔방미인처럼 이것저것 다할 수 있어야 합니다.

하지만 바로 이 점이 로봇공학자의 가장 큰 매력일지도 모릅니다. 어렵기 때문에 성취감 역시 커질 테니 말입니다. 이 책의 멘토인 한재권 박사님도 완성된 로봇이 생각대로 움직이는 그 순간의 쾌감은 말로 표현할 수 없다고 말씀하셨습니다. 로봇공학자가 맛볼 수 있는 가장 달콤한 열매는 바로 완성된 로봇일 것입니다.

로봇에 대한 열정이 가득하다면, '로봇'이라는 달콤한 열매를 맛보고 싶다면, 이 책을 통해 한재권 박사님이 걸어온 길을 따라가보기를 바랍니다.

한재권 박사님이 다양한 로봇을 제작하기까지의 과정은 물론, 세계적인 로보컵 대회에서 우승컵을 거머쥐기까지의 이야기를 통해 로봇공학자가 되기 위해 무엇을 준비하고 고민해야 할지 알게 될 것입니다. 그리고 앞으로 여러분이 걸어가야 할 길에 대한 큰 그림을 그릴 수 있게 될 것입니다. 만일 여유가 생긴다면 한재권 박사님처럼 진짜 로봇공학자가 되었을 때 단순한 기계가 아니라 인간과 더불어 살아갈 수 있는 로봇을 만들기 위해 어떤 가치와 규범을 가져야 할지 고민해보기 바랍니다. 진정한 로봇공학자가 되기 위해 꼭 필요한 고민일 테니까요.

마지막으로 바쁜 시간을 쪼개어 인터뷰해 주시고, 로봇과 함께 살아가야 할 미래에 대해 생각할 기회를 주신 한재권 박사님께 감사의 마음을 전합니다.

〈MODU〉매거진 편집부, 박지은

    요란한 알람 소리, 무거운 눈꺼풀을 들어 시계를 보니 오전 7시이다. 어제도 평소처럼 밤 12시가 넘어서야 연구실을 나서서 집으로 왔다. 평소보다 좀 더 일찍 일어나야 하는 이유는 오늘 오전에 청소년들을 위한 공개 강연이 있기 때문이다. 청소년이 대상인 강의는 자주 하지는 못하지만 내가 꽤나 좋아하는 일 중 하나이다. 서둘러 아침 식사를 마치고 강의 장소로 출발했다.

    강의 시작 30분 전에 강연장에 도착했다. 슬쩍 내다보니 벌써 좌석이 빽빽하게 찼다. 내가 강단에 서자 많은 눈길이 나에게 집중되었다. 지금 강의를 듣는 이 청소년들이 다 로봇공학자가 되지는 않겠지만, 그래도 이처럼 로봇에 많은 관심을 갖고 있다 생각하니 내심 뿌듯했다. 사실 연구 때문에 시간에 쫓기면서도 TV 예능프로그램에 출연한 것은 로봇에 대해 제대

로 된 인식과 관심을 대중들에게 심어 주고 싶어서이다. 강의 내내 청소년
들의 감탄 소리가 터져 나왔고 강의가 끝난 후에는 질문 세례도 이어졌다.
역시 공개 강의를 하고 나면 한시도 게으름을 피우지 말아야겠다는 다짐
을 다시 한 번 하게 된다.

연구실로 돌아와 문을 열자, 각자 자리에 앉은 연구원들이 돌아보면서
한 마디씩 건넸다. 이제부터 줄곧 로봇 개발 연구에 집중해야 한다. 내가
자리에 앉자마자 오전에 풀지 못한 숙제들에 대한 질문이 오고 갔다. 우리
연구실은 회의랄 게 따로 없다. 그냥 각자의 자리에 앉아서 궁금할 때마다
서로 물어보고 답을 하며 자연스레 의견을 주고받는다.

　한창 의견이 오가던 중 우리 팀의 특별연구원이 문을 열고 들어섰다. 특별연구원은 바로 스키 부문 국가대표 출신의 문정인 선수다. 요즘 우리 연구실에서는 스키 로봇 개발이 한창이다. 평창 동계올림픽 때 함께 개최되는 로봇 스키 대회에 출전하기 위한 것인데 스키를 잘 타는 로봇을 만들기 위해 우리는 문정인 선수를 특별연구원으로 선임했다. 우리는 문 선수의 코치를 받아가며 스키 로봇의 디테일한 움직임을 하나하나 컴퓨터에 프로그래밍하고 수정하기를 반복했다. 실제 로봇을 만들었을 때 그 로봇의 움직임을 컨트롤할 프로그램의 바탕이 될 중요한 작업이다.

　그렇게 오후가 눈 깜짝할 사이에 지나가 버렸다. 저녁 식사 후에는 다시 강의 준비를 시작했다. 내일은 오전 내내 로봇을 전공하는 학생들을 대상으로 하는 강의가 있다. 이미 준비해 둔 자료들과 사진들을 뒤적이며 강의 자료를 다시 한 번 꼼꼼하게 검토했다. 현장에서 로봇을 제작하고 있지만, 로봇 만드는 것과 잘 만들도록 가르치는 일은 좀 다른 것 같다.
　그래도 오늘 강의 때 느낀 청소년들의 열정은 나에게 큰 자극이 되었다. 강의는 나에게 로봇 만드는 일만큼 신나는 일이다. 그렇게 강의 자료에 빠져 있다보니 어느새 밤 12시가 넘었다. 거의 날마다 밤늦게까지 연구원들이 연구실에 머물다보니 시간 가는 걸 미처 알아차리지 못할 때가 많다. 다음날 강의가 없을 때는 나 역시 연구실에서 새벽까지 일에 몰두하곤 한다. 하지만 오늘은 내일의 강의를 위해 아쉬움을 털어내고 집으로 향한다.

　나의 일과는 대부분 다람쥐 쳇바퀴 돌듯이 반복된다. 집, 연구실, 강의실만 오가다보면 하루하루가 어찌 가는 줄 모를 정도이다. 하지만 난 행복하다. 날마다 조금씩 완성되어가는 로봇을 만나게 되고, 함께 연구하는 로봇공학자들의 꿈이 커가는 걸 보고 있으니 말이다. 그래서 힘들지 않느냐고 묻는 사람이 많지만, 이 생활을 더 즐기고 싶다. 나의 꿈인 로봇을 만들어가는 이 과정을······.

Part 1
로봇공학자가 들려주는
로봇공학자 이야기

 chapter 1 힘센 영웅, **로봇**을 꿈꾸다

chapter 2 오랜 **꿈**을 향해 **출발**!

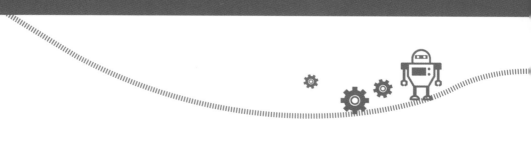

Part **2**
예비 로봇공학자를 위한
콕콕 멘토링

로봇공학자 **한재권**

로봇공학자 한재권은 대학에서 기계공학을 전공하고 자동제어학으로 석사학위를 받고 나서 대기업에 근무하던 중, 어린 시절의 꿈인 로봇을 만들기 위해 회사를 그만두고 미국으로 유학을 떠났다. 버지니아대학의 데니스 홍 교수가 이끄는 로멜라 연구소에서 로봇 다윈-OP와 찰리-2, 이 두 대의 로봇으로 2011년 로보컵 대회의 어덜트 사이즈 리그, 키즈 사이즈 리그에서 동시 우승했다. 2013년에 열린 다르파 로보틱스 챌린지 트라이얼에서 9위를 차지한 재난 구조용 로봇 '똘망 1'의 설계와 제작에도 참여했다. 2015년에 유학 생활을 마치고 로보티즈 수석 연구원으로 재직하면서 다르파 로보틱스 챌린지 결선에 진출한 로봇 '똘망 2'의 설계와 제작을 담당했다. 현재 한양대학교 로봇공학과 교수로 재직 중이다.

mechanism

network industrial device

design

device

algorithms

metal

bionic

humanoid

research

digital

future

machine
application
human

mechanical

electromechanical

tech cyber

data information

robotics

fiction
electrical
program

user

complex

system

power

intelligent

cybernetics

navigate

automation cyberspace

programming

respond

computing

futuristic

android sma

navigation

technolo

control prototype

brai

analysis

modern
obotopia
iction

arch
matics
ication

Part 1

로봇공학자 · 로봇 개발자가 되고 싶은
청소년들을 위한 진짜 로봇 개발 이야기

로봇공학자가
들려주는
로봇공학자
이야기

ucrure
ocessor
obot
model
rinciple
virtual

힘센 영웅, 로봇을 꿈꾸다

chapter 1

우리 집에도
로봇이 있으면 좋겠어

어릴 때 어떤 **환경**에서 자랐는지 궁금합니다.

서울에서 태어나고 보통의 집안에서 자랐습니다. 아버지는 산업용 기계를 만드는 철공소를 운영하셨지요. 뇌병변 장애가 있는 동생이 있다는 게 조금 달랐을 뿐, 대한민국 어디에서나 볼 수 있는 평범한 가정에서 컸습니다.

아픈 동생 때문에 **로봇을 만들겠다고 결심한 이야기**를 언론 인터뷰에서 말씀하신 적이 있습니다. 아픈 가족 때문에 의사가 되었다는 사람은 많지만 로봇을 만들겠다고 한 사람은 흔하지 않습니다. **왜 로봇을 만들겠다고 생각했나요?**

제 동생은 장애가 있어 걷지도 말하지도 못합니다. 모든 행동을 하는 데 누군가의 도움이 필요하지요. 그래서 어머니가 24시간 내내 동생을 돌보는

데 매달리셨습니다. 이게 말이 쉽지 아무나 할 수 있는 일은 아니죠. 저 역시 어머니를 도와 짬짬이 동생을 돌봐야 했습니다. 온 가족이 외출을 하거나 여행을 가는 건 꿈도 꾸기 어려웠습니다. 이런 상황에서 몸이 힘들기도 했고, 하고 싶은 걸 할 수 없는 게 속상하기도 했지요.

7살인지 8살인지 하여튼 그 무렵 만화에서 '형사 가제트'와 '아톰'을 봤어요. 아톰은 키도 작고 몸집도 작지만 위기가 닥치면 엄청난 힘을 발휘해 사람들을 구해내죠. "와~." 소리가 절로 나면서 머릿속에 아톰이 동생을 번쩍 들어서 욕조에 넣어 주는 장면이 떠올랐어요. '형사 가제트'를 볼 때는 가제트가 동생이 필요로 하는 도구를 척척 꺼내서 도와주는 모습이 떠올랐고요. 가제트가 도구 이름을 말하면 뭐든지 툭툭 튀어나오잖아요. 이런 장면을 머릿속에 계속 떠올리다보니 딱 저런 로봇이 우리 집에 있으면 정말 좋겠다 싶더라고요. 저런 로봇이 동생을 돌본다면 가족이 한결 편해지겠지요.

처음에는 돈을 모아서 저런 로봇을 하나 사야겠다고 생각했어요. 그래서 친구들에게 내가 나중에 크면 이런 로봇을 살 거라고 떠들고 다녔죠. 그랬더니 친구들이 아무리 돈을 모아도 그런 로봇은 살 수 없다는 거예요. 그래서 살 수 없다면 내가 직접 하나 만들어야겠다고 결심했죠. 간단하게 생각한 거죠.(웃음) 저와 로봇의 인연은 이렇게 시작된 것 같아요. 그러니까 어떤 거창한 계기가 있었던 것은 아니었어요.

직접 만들겠다고 생각하신 걸 보면 **어릴 때**부터 만드는 것에 자신이 있었나 보네요.

그 또래 남자아이들은 원래 만드는 걸 무척 좋아하잖아요. 저 역시 만드는 걸 무척 재미있어 했습니다. 프라모델을 조립하는 데 열의를 보이기도 했고, 또 어떤 때는 나무를 직접 깎아가며 뭔가를 만들려는 시도도 했지요. 하여간 늘상 뚝딱거렸던 것 같네요. 지금 생각해보면 철공소를 하셨던 아버지의 유전자를 물려받아 그랬던 것 같습니다.

로봇을 만들겠다고 생각하셨으니 **로봇 조립**도 많이 하셨을 거 같은데, 어땠나요?

하하. 예상과 달리 로봇을 많이 만들지는 않았습니다. 로봇을 직접 만들어야겠다고 결심했던 게 고작 7살, 아니면 8살 때였으니까요. 그러니 로봇공학자가 되기 위해서 어려서부터 로봇을 열심히 만들어야겠다는 구체적인 생각 같은 걸 했을 리 없죠. 그저 나중에 커서 어른이 되면 로봇을 만들어야겠다는 꿈만 있었을 뿐 진지함은 없었습니다. 그래서 로봇보다는 과학상자 맞추는 걸 무척 좋아했습니다. 해본 친구들은 다 알겠지만, 과학상자라는 게 처음엔 설명서에 따라 이것저것 만들지만 익숙해지면 자기 나름대로 창작도 가능해지거든요. 그래서 이렇게도 만들어보고, 저렇게도 만들어보면서 신나했지요.

중고등학교 시절에도 여전히 로봇 만들기를 꿈꾸셨나요?

중고등학교 때도 로봇공학자가 되기 위해서 그다지 노력한 건 없습니다. 지금이야 중고등학교 때부터 앞으로 뭐가 될지 고민하고 준비를 한다지만, 제가 어릴 때만 해도 그런 친구들은 그리 많지 않았어요. 대부분 뭐가 되고 싶다고 생각해도 그냥 공부만 열심히 하는 게 일반적이었지요. 저도 그냥 그런 평범한 학생이었습니다.

요즘이야 레고 같은 블록도 흔하고, 로봇 키트도 다양할 뿐더러 학원이나 학교 방과후 수업에서 로봇 만드는 걸 가르쳐 주기도 하지만. 그때는 아예 그런 게 없었습니다. 만일 제가 특별하게 준비하려고 마음먹었다 해도 책을 읽거나 과학상자로 만들어보는 정도가 다였을 겁니다.

아, 남들은 절대 할 수 없는 아주 특별한 경험은 있습니다. 방학 때마다 아버지 철공소에서 일을 했어요. 물론 이게 얼마나 소중하고 가치 있는 경험이었는지는 나중에 깨달았지만 말입니다.

아버님 철공소에서는 주로 어떤 걸 만들었나요?

아버지는 공장에서 쓰는 기계를 제작하셨습니다. 특정한 기계만 만드는 게 아니라 주문이 들어오면 뭐든지 만드셨지요. 그러다보니 설계도 직접 하실 때가 있었습니다. 그리고 산업용 로봇도 만드셨어요. 물건을 집어서 놔주는 일을 하는 로봇 팔을 만들기도 하셨지요.

그럼 박사님은 방학 때마다 **철공소**에서 어떤 일을 하셨나요?

전 그냥 단순한 조수 역할을 했습니다. 기계에 필요한 부품을 주로 만들었죠. 예를 들면 아버지가 어떤 부품을 보여 주고 100개를 만들라고 하면 그 부품만 계속 만들었어요. 지금 생각해보면 굉장히 단순한 일만 시키셨는데, 그래도 그때는 철공소에 일하러 가는 게 정말 신이 났습니다. 안 그래도 만드는 걸 좋아하는데 진짜 기계들이 제작되는 과정을 옆에서 보니 얼마나 신기했겠어요. 또 내가 직접 만든 부품들이 기계 안에서 어떤 일을 하는지도 살펴볼 수 있고, 그래서 일하러 간다는 생각보다 늘 놀러간다는 생각을 했던 것 같아요. 콧노래를 부르면서 철공소를 드나들었습니다.

철공소 조수였던 아들이 **로봇 박사**가 되었으니 아버님의 감회가 남다를 것 같아요. 아버님이 **박사님의 직업을 어떻게 생각**하시나요?

직접적으로 제 직업에 대해서 말씀하신 적은 없지만 좋아하신다는 짐작만 하고 있습니다. 그렇게 짐작하는 건 아버지가 요새는 뭘 만드는지, 어떻게 만드는지 꽤 관심을 갖고 물어보시거든요. 아들이 하는 일이기도 하지만 기계 자체에 대한 호기심 때문에 물어보시는 것 같기도 해서, 저도 대충 얼버무리지 않고 자세하게 설명해드리는 편입니다. 하긴 평생 기계를 만든 분이시니 제가 만든 움직이는 기계가 얼마나 궁금하시겠어요.(웃음)

로봇,
만들어보는 게 중요해

많은 친구들이 박사님처럼 **로봇공학자**를 꿈꾸고 있어요. 말씀하신 것처럼 요즘은 **로봇 관련 책, 키트, 사이트**도 많고 로봇 만드는 걸 가르쳐 주는 곳도 많아요. 어떻게 준비하는 게 좋을까요?

요즘은 로봇 만드는 걸 배우려고만 들면 방법은 정말 많은 것 같습니다. 전 재료가 무엇이 되었든 직접 만들어보라고 권하고 싶습니다. 책이나 관련 영상만 봐서는 로봇 만드는 걸 제대로 배우기 힘들거든요. 직접 만들어봐야 진짜를 만들 수 있습니다.

그래서 로봇공학자를 꿈꾸는 친구들이 뭘 준비하면 좋냐고 물으면 친구들과 동아리를 만들어서 대회에 출전해보라고 권합니다. 실제 로봇을 제작할 때 맞닥뜨릴 수 있는 여러 가지 상황에 대한 대처 방법을 배울 수 있을 겁니다.

로봇을 직접 만들어보는 게 중요하다고 말씀하셨는데 언제부터 시작하면 좋을까요?

로봇을 만들기 가장 좋은 나이는 10대가 아닐까 싶습니다. 열정과 창의력이 넘치는 시기니까요. 사실 20살이 넘어가면 아는 게 많아져서 아무거나 막 해보지 않고 매뉴얼에 따라서 하려는 경향이 생깁니다. '이런 건 안 된다.'라는 고정관념 때문이지요.

그런데 10대 때는 다릅니다. 아는 게 그렇게 많지 않으니까 가능한지 안 한지 가늠하지 않고 상상하는 대로 도전하죠. 이런 걸 제 아내인 엄윤설 작가는 '때로는 덜 아는 게 창의적이다.'라고 표현하지요.

로봇을 처음 만든다면 어떤 식으로 시작하면 좋을까요?

처음 시작하는 거라면 로봇 키트를 사서 만들어도 좋겠지만, 가능하다면 따로 재료를 구해서 만드는 게 좋습니다. 키트는 아무래도 상상력을 무한대로 펼치기에는 한계가 있으니까요.

그리고 혼자 만드는 것보다는 동아리를 만들어서 다른 친구들하고 함께 만드는 게 좋을 것 같습니다. 동아리 활동을 하면 여러 장점이 있다고 생각해요. 일단 기본적으로 로봇을 만들려면 돈이 꽤 들어요. 키트 가격도 만만치 않고요. 그러니 재료를 사서 만들어야 하니까 늘 뭔가를 사들이게 되죠. 그리고 로봇 하나를 만들기 위해서는 전기회로, 컴퓨터 프로그래밍 등 온갖 지식들이 필요한데, 이걸 혼자 다 공부하기는 정말 벅찬 일입니다. 동아리 활동을 하면 이런 문제점들을 모조리 해결할 수 있어요. 각 분야별로 잘하는 친구들을 만나니 도움도 받고 새로운 지식도 배울 수 있죠. 돈도 나누어내니 부담이 크지 않고요.

학교에 로봇 동아리가 있다면 적극적으로 참여해보세요. 제가 듣기로 중고등학교에는 학교의 지원을 받는 로봇 동아리가 꽤 있대요. 학교 지원을 받게 되면 일단 재료비 걱정을 덜 수 있잖아요. 그리고 역사가 있는 동아리라면 선배들이 축적해 놓은 데이터도 많을 테니 배우는 게 더 많겠죠.

로봇을 **직접 만들 수 있는 부품**은 어디서 살 수 있나요?

공구상가에 가면 로봇을 만드는 데 필요한 부품은 거의 다 구입할 수 있습니다. 그래서 로봇을 만드는 사람뿐만 아니라 대다수의 공대생들이 아주 좋아하는 장소지요. 공구상가는 서울 청계천에도 있고, 구로에도 있고, 이외에도 찾아보면 꽤 많습니다. 인터넷 공구 사이트도 많고요.

로봇을 직접 만들어볼 생각이라면 인터넷으로 부품을 사는 것보다는 직접 공구상가를 찾아가는 것을 추천합니다. 거기가 또 별천지거든요.(웃음) 기계를 좋아하는 친구라면 틀림없이 시간 가는 줄 모를 겁니다. 여기저기 돌아다니다보면 신기한 것들도 많이 보게 되고, 또 배워오기도 하지요. 아! 혹시 기회가 된다면 부품 공장 같은 곳도 가보면 도움이 많이 될 것 같습니다.

동아리 활동과 더불어 **로봇 대회**에 참가하면 좋다는 말씀을 자주 하셨어요. 대회 참여의 중요성에 대해 이야기해 주시겠어요?

로봇 대회는 동아리 회원끼리 하나의 목표를 향해 달려가도록 해 줍니다. 그래서 팀워크를 배울 수 있는 정말 좋은 기회가 되지요. 계속 말하지만 로봇을 만들기 위해서는 기본적으로 다양한 분야의 전문가가 모이기 때문에 좋은 팀워크는 필수적입니다. 팀워크가 좋아야 결과물도 좋아지지요. 아니 그래야만 결과물이 나올 수 있어요. 좋은 팀워크는 다른 사람의 능력을 인정하고 이야기를 통해 서로 다른 의견을 하나로 모으며 내가 아니라 우리가 원하는 로봇을 만들어가는 경험이 쌓여야 만들어지지요.

로봇 대회에 나가게 되면 정해진 기간 안에 일을 해야 하잖아요, 그럼 팀워크가 확인되지요. 팀워크가 좋은 팀들은 긴박하게 돌아가는 상황 속에서도 서로를 격려하고, 터지는 문제들을 하나씩 해결해 나가요. 좋은 로봇은 좋은 팀워크를 통해 만들어지고, 좋은 팀워크는 대화와 공감, 훈련을 통해 만들어져요. 그러니 전 동아리 활동을 하고 있는 친구들에게 지금이라도 각종 로봇 대회 참가를 목표로 동아리의 일정을 짜라고 하고 싶네요. 국내 대회를 1차 목표로 삼되, 각종 세계 대회 참가까지 시도해봤으면 좋겠어요.

온라인 카페, SNS(소셜 네트워크 서비스) 운영해보라는 말씀을 청소년에게 한다고 들었어요. **그 이유**가 무엇인가요?

온라인 카페나 SNS를 운영하는 건 몇 가지 의미가 있다고 생각합니다. 첫 번째는 팀이 하는 모든 일들이 세세하게 기록됩니다. 아무리 머리 좋은 사람도 자신이 한 걸 다 기억하기는 어렵지요. 날마다 혹은 주기적으로 팀에서 이루어지는 일들을 기록하게 되니까 어떤 과정을 통해 로봇이 발전되어 나갔는지 확인할 수 있습니다.

두 번째는 소통의 장이 되는 겁니다. 여기엔 우리 팀 내의 소통은 물론 팀이 아닌 다른 사람들과 소통도 포함하고 있어요. 온라인에 올리면 우리 팀 말고 로봇에 관심이 있는 어떤 사람이 볼 수 있잖아요. 그럼 그 사람이 우리 팀이 모르는 걸 알려줄 수도 있고, 혹은 그 사람이 모르는 걸 얻어갈 수도 있고요. 그렇게 서로 소통하다보면 나도 상대방도 서로 발전할 수 있는 기회를 얻게 되죠. 굳이 만나지 않아도 서로에게 도움을 줄 수 있다니, 얼마나 근사한 일이에요. 어느 분야든 지식을 서로 공유하면 놀라운 발전을 이룰 수 있다고 생각해요.

" 로봇의 기능이 궁금해요! "

Q1

사이보그와 안드로이드, 휴머노이드는 무엇이 다를까요?

사이보그는 뇌를 제외한 신체의 일부를 기계로 대체한 사람을 부르는 말인데, 사고로 신체의 일부 기능을 잃은 장애인을 위해 다각도로 개발되고 있다. 최초의 사이보그 교수로 유명한 영국의 로봇공학자인 케빈 워릭은 1998년 자신의 왼쪽 팔에 실리콘 칩을 이식했다. 이것은 칩이 워릭 교수의 위치 정보를 대학의 중앙 컴퓨터로 전송하고, 컴퓨터가 칩의 신호를 인식해 알아서 문을 열어 주거나 불을 꺼 주는 실험을 하기 위해서였다. 실험은 성공했다.

사이보그의 정체가 사람이라면 안드로이드는 로봇을 부르는 말로, '인간과 닮은 것'이라는 뜻의 그리스어에서 유래되었다. 안드로이드는 외모로는 인간과 구별이 되지 않을 정도로 정교한 로봇으로, 영화 블레이드 러너(1982년)나 터미네이터(1984년)에 나오는 인조인간이 대표적인 예이다. 그러나 현재 기술로는 만들 수 없다.

사이보그나 안드로이드와 비슷한 말로 '휴머노이드'가 있다. 휴머노이드는 인간의 신체와 유사한 형태의 로봇을 뜻하며, 인간형 로봇의 다른 말이다. 일본의 아시모, 우리나라의 휴보가 대표적이다. 서비스형 로봇은 대부분 휴머노이드 형태로 개발되는데, 이는 앞으로 로봇이 인간의 도우미로 활약하기 위해서는 인간의 신체와 닮은 것이 편리하고, 사람들에게 친근하게 다가갈 수 있으리라는 예측 때문이다.

액추에이터(Actuator)란 무엇인가요?

액추에이터는 로봇의 팔이나 다리, 손가락 등을 움직이는 구동장치로 사람으로 치면 관절을 움직이는 근육에 해당한다. 구동장치는 동력원에 따라 크게 2가지로 나뉘는데, 첫 번째는 전기 모터에 의한 회전력이고 두 번째는 공기압 실린더와 유압 실린더에 의한 직동력이다. 공기압 실린더나 유압 실린더는 공기나 기름 등이 가지고 있는 압력을 이용한 것이다.

한 대의 로봇은 상당히 많은 수의 액추에이터를 장착하고 있는데 악수와 같은 단순한 움직임조차 10개 이상의 액추에이터가 필요하기 때문이다. 로봇공학자들은 로봇의 쓰임새에 따라 어떤 액추에이터를 몇 개나 사용할지를 결정한다. 전기 모터는 유압 실린더에 비해 힘은 약하지만 섬세한 움직임을 만들 수 있다. 따라서 자연스러운 움직임이 필수인 서비스 로봇의 경우에는 전기 모터를 선택하는 경우가 많다. 반면 유압 실린더는 크기가 크고 무겁지만 큰 힘을 낼 수 있는 장점이 있다. 그래서 힘을 쓰는 로봇들은 유압 실린더를 장착하는 것이 도움이 될 수 있다.

자유도란 무엇인가요?

자유도란 로봇의 팔과 다리, 손가락 같은 부위가 자유롭게 움직일 수 있는 정도를 나타낸다. 아래위로 움직이는 직선 운동만 가능하면 자유도 1, 아래위로 움직이면서 회전이 가능하면 자유도 2라고 한다. 만일 다섯 방향으로 움직일 수 있다면 자유도 5이다. 사람의 경우 팔의 자유도는 7(손 제외)이고, 손가락의 자유도는 무려 20이다. 자유도가 높을수록 움직임이 자연스러울 뿐만 아니라 다양한 일을 할 수 있기 때문에 로봇공학자들은 자유도가 높은 로봇을 만들기 위해 노력하고 있다.

인간-로봇 상호작용 기술이란 무엇인가요?

사람이 다른 사람과 눈빛을 주고받으며 대화하는 것처럼, 로봇이 사람과 서로 대화하고 소통할 수 있도록 만들어 주는 기술을 말한다. 로봇이 사람의 말을 알아듣는 것은 물론, 표정을 읽고, 이에 반응하도록 만들기 위해서는 방대한 학문과 고도의 기술이 반드시 필요하다. 단순히 카메라나 센서만으로 사람의 감정까지 읽어낼 수 있는 것은 아니기 때문이다.

우선 로봇은 사람의 표정을 읽거나 말을 듣고 말할 수 있는 센서와 출력장치를 갖춰야 한다. 그리고 로봇의 상대방인 사람의 감정을 판단하고 이에 적합한 대응을 내릴 수 있는 똑똑한 인공지능이 필요하다. 그리고 이것을 다시 사람에게 전달할 수 있는 운동 능력이 있어야 한다. 여기에 가장 필요한 것은 첨단 카메라, 최첨단 GPS 등일 것이다. 그러나 이런 기술력만이 전부는 아니다. 복잡한 사람의 감정을 1, 2와 같은 숫자로 단순화하는 과정이 필요하며, 이를 로봇에게 일일이 학습시켜야 한다. 따라서 인간-로봇 상호작용 기술은 인공지능, 로봇공학, 자연어 이해, 사회과학(심리학, 인지과학, 인류학, 인간적 요소) 등 다양한 학문적 바탕이 필요하다.

인공지능(Artificial Intelligence, AI)이란 무엇인가요?

인간의 지능이 가지는 학습, 추리, 적응, 논증 따위의 기능을 갖춘 컴퓨터 시스템을 말한다. 인공지능에는 약한 인공지능과 강한 인공지능이 있는데 약한 인공지능은 단어를 입력하면 관련 검색 결과를 보여 주거나, 사람의 목소리를 듣고 이에 반응하는 것으로 현재 포털 사이트의 검색 기능이나 스팸 메일 필터링 등은 모두 약한 인공지능 기술에 해당한다. 강한 인공지능 기술은 질문이 단순하지 않아도 답을 찾아낼 수 있는 인공지능 기술로 개발 중에 있다.

웨어러블(Wearable) 로봇이란 무엇인가요?

몸에 착용하는 로봇으로 외골격 로봇이라고도 한다. 외골격이란 연한 몸을 감싸고 있는 단단한 껍데기를 의미하는 것으로 곤충이나 절지동물은 모두 외골격을 가지고 있다. 이 외골격은 곤충이나 절지동물들이 몸무게의 몇십 배에 해당하는 무게를 들 수 있도록 해 주는데 과학자들은 이 점에 주목해 웨어러블 로봇을 만들게 되었다.

웨어러블 로봇은 본래 군사용으로 개발되었다. 무거운 포탄을 쉽게 옮기는 슈퍼 군인을 만들기 위한 아이디어에서 출발했다. 그래서 만들어진 것이 미 국방부의 지원을 받아 2004년 버클리대가 만든 버클리 다리 골격(BLEEX)이다. 이후 웨어러블 로봇은 군사용에서 벗어나, 같은 행동을 반복하는 단순노동이나 무거운 짐을 나르는 산업용, 사고로 하반신이 마비되어 걸을 수 없는 장애인용 등으로 폭넓게 발전했다.

최근 세계는 웨어러블 로봇 개발에 박차를 가하고 있는데, 우리나라에서도 그 흐름에 발맞추어 여러 대의 웨어러블 로봇이 개발되고 있다. 하이퍼 R1(한국생산기술연구원, 한국로봇융합연구원, LIG 넥스원, FRT 등이 공동 개발), 워크온슈트(공경철 서강대 기계공학과 교수와 연세대 세브란스 병원 연구팀이 공동 개발), 현대자동차그룹이 개발한 웨어러블 로봇이 대표적이다.

아두이노(Arduino)란 무엇인가요?

아두이노는 임베디드 시스템(Embedded System) 중 하나로 컴퓨터 언어를 알지 못해도 본인이 원하는 성능을 지닌 로봇이나 기계 장치를 만들거나 취미나 예술에도 활용할 수 있는 교육용 전자제품이다. 임베디드 시스템이란 어떤 제품 내에서 소리나 빛을 내거나 또는 특별한 작동이 일어나도록 만들어 주는 시스템을 의미한다. 예를 들어 전기밥솥으로 밥을 할 때는 모드(현미, 백미, 잡곡 등)를 선택한 후에 취사 버튼을 눌러야 하는데, 이때 모드별로 밥을 짓는 온도나 시간 등이 달라진다. 이런 모든 과정을 제어하는 것이 임베디드 시스템이다. 임베디드 시스템을 개발하기 위해서는 컴퓨터 언어를 반드시 알아야 하므로 임베디드 시스템을 일반인이 개발하기란 쉽지 않다. 그런데 2005년 예술과 IT를 융합해서 가르치는 이탈리아의 IDII(Interaction Design Institute Ivera)라는 전문 대학원의 교수가 공학 전공 학생이 아닌 예술 전공 학생들이 어떻게 하면 자신들의 디자인 작품을 손쉽게 제어할 수 있게 할까 고민하다가 교육용 제품 하나를 만들었는데, 이것이 아두이노이다. 아두이노는 가격이 싸고, 관련 소스들이 모두 오픈되어 있어 누구나 사용 가능하기 때문에 향후 다가올 사물인터넷 시대를 이끌어갈 물건으로 주목받고 있다.

" 청소년이 참가할 수 있는 로봇 대회 "

〈전국 학생 로봇 경진 대회〉
· 주최 : (사)한국학교로봇교육진흥회
· 종목 : 창작, 기계공학, 레이싱, 무선 조종, 시범 등 5개 분야 11개 종목
· 대상 : 초등학생~고등학생
· 관련 사이트 : www.kaorea.co.kr

〈창원 전국 지능 로봇 경진 대회〉
· 주최 : 창원시
· 주관 : 경남대 로봇지능기술연구센터, 시사코리아저널㈜
· 종목 : 트랜스퍼 로봇, 레이싱로봇, 무선조정로봇, 창작로봇, 지능로봇,
　　　　서바이벌 로봇, 미션창작, 로봇조정
· 대상 : 초등학생~대학생

〈전국 청소년 로봇 창작 경연 대회〉
· 주최 : (재)청소년체험문화재단
· 후원 : 강원도 교육청, 로보플러스, 주니어로봇공학교실
· 종목 : 로봇배틀 베이직, 로봇배틀 프로페셔널, 주니어창작 등
· 대상 : 초등학교~고등학생

〈국제로봇올림피아드-한국 대회〉

· 주관 : 국제로봇올림피아드 조직위원회

· 종목 : 트랜스포터, 미션형 창작, 로봇개더링, 로봇인무비 등

· 대상 : 초등학생~고등학생

· 관련사이트 : www.iroc.kr

〈로보페스트(Robofest)-한국 대회〉

· 주관 : (사)한국로봇교육컨텐츠협회

· 대상 : 초등학생~고등학생

· 관련사이트 : www.world-robofest.com

· 1위 팀에게 월드 로보페스트 챔피언십 참가 자격이 주어짐.

오랜 꿈을 향해 출발!

chapter 2

쉽지 않은 시작,
돌고 돌아가다

대학에서는 무엇을 **전공하셨나요?** 그 전공을 선택한 것도 **로봇공학자**가 되겠다는 **꿈**과 연관이 있었나요?

저는 대학 시절 기계공학을 전공했습니다. 로봇을 만들려면 기계를 만들 줄 알아야 한다고 생각했거든요. 대학에서는 다양한 과목을 들었는데 대부분 참 재미있었어요. 중고등학교 때는 알지 못했던 것들을 많이 배우게 되니까 수업에 몰두했던 것 같아요. 그리고 새로운 걸 배우면 '아, 나중에 로봇 만들 때 이걸 어떻게 써 먹어야지.' 이런 생각을 많이 했지요. 그러니까 로봇을 만들지는 않았지만, 배운 지식을 어떻게 활용할지는 늘 생각하고 있었던 거죠.

대학 졸업 후 바로 본격적으로 **로봇을 만들기** 시작하셨나요?

아니요. 대학을 졸업한 후에는 대학원에 진학했습니다. 자동제어학으로 석사학위를 받았어요. 그 뒤에 대기업 연구소에 입사했습니다. 로봇을 만드는 곳은 아니었지만 그땐 선택의 폭이 넓지 않았어요.

사실 전 아톰이나 짱가, 가제트처럼 사람과 비슷하게 생긴 휴머노이드를 만들고 싶어서, 그런 걸 만드는 회사를 알아봤습니다. 그런데 그 당시에는 산업용 로봇을 만드는 곳은 꽤 있었지만 정작 휴머노이드를 만드는 곳은 없더라고요. 그래서 다른 걸 선택해야만 했는데, 결국 제 전공을 살릴 수 있는 대기업 연구소에 취직하게 되었죠. 이왕이면 대기업에 취업하는 게 좋다고 다들 말해서 나쁘지 않은 선택이라고 생각했어요.

대기업 연구소에 취직해서 주로 어떤 일을 맡아 하셨나요?

4년 정도 근무했는데 군사용 무기인 차세대 장갑차 'K2 흑표 전차'의 핵심 장비인 자동제어 타깃장치를 설계했습니다. 제가 꼭 하고 싶은 일은 아니었지만 나름 재미있었어요. 일도 열심히 했어요. 새로운 설계 방식을 적용해서 제품 개발에 성공하기도 했고, 상도 제법 받았습니다. 만족스러웠던 것 같아요.

회사를 그만두고 **유학을 떠나셨는데** 특별한 계기가 있었나요?

어떤 특별한 사건이 있었던 건 아니었습니다. 연구원 생활은 좋았어요. 결혼도 하고 경제적으로도 상당히 안정되고……. 근데 한 4년쯤 다니다보니 뭐라 그럴까, 꿈이 사라지는 것 같았어요. '내 인생은 이게 아닌데, 내가 하고 싶은 건 이게 아닌데……'라는 생각이 들더군요. 시간이 더 흐르면 로봇을 만들 수 있는 기회가 영영 없어져 버릴 것 같았어요. 그런 생각이 드니까 모든 걸 관두고 로봇을 만들고 싶다는 마음이 간절해졌습니다.

하지만 마음이 간절하다고 해서 모든 걸 내팽개치고 로봇을 만들러 떠날 수는 없었어요. 경제적인 문제도 생각해야 했고 무엇보다 함께 가야 할 아내의 의견도 중요했지요. 조심스레 같이 유학을 가자고 제안했는데 아내가 너무나도 흔쾌히 그러자는 거예요. 정말 두고두고 고마운 일이었지요. 아내의 응원 덕분에 전 미련 없이 회사에 사표를 던지고 유학 준비를 시작했습니다.

> "새로운 걸 배우면
> '아, 나중에 로봇 만들 때
> 이걸 어떻게 써 먹어야지.'
> 이런 생각을 많이 했지요.
> 그러니까 로봇을 만들지는
> 않았지만, 배운 지식을
> 어떻게 활용할지는
> 늘 생각하고 있었던 거죠."

로보티즈,
모든 것이 시작된 곳

미국 유학을 가기 전에 **로보티즈란 회사**에서 일하셨어요. 유학을 결심하고 연구소를 그만두셨는데, 왜 다시 **회사에 들어가게** 되었나요? 우리나라에서도 로봇을 연구할 수 있다고 생각하셨나요?

아, 사실 로보티즈에 들어가겠다고 생각하게 된 건 아주 현실적인 이유였습니다. 당시 전 돈이 궁해서 꼭 일을 해야 할 입장이었어요. 겁 없이 사표를 던지고 유학 준비를 시작했지만 정말 만만한 게 하나도 없었습니다. 가장 골치가 아팠던 건 영어였어요.(웃음) 미국에서 유학을 하기 위해서는 GRE(영어권 나라의 대학원 입학 평가 시험)와 토플(TOEFL) 등을 준비해야 했는데 매일 기계만 만지던 공대생이 영어가 유창할 리 없잖아요. 원하는 만큼 영어 성적이 나오지 않다보니 유학 준비 기간이 점점 길어졌어요. 버는 것 없이 쓰기만 하니 돈은 곧 바닥을 드러내기 시작했죠. 마침내 목표하던 영어 점수에는 도달했는데 돈이 다 떨어져서 원서 지원 비용조차 없었지요.

그러니 어떡해요! 일단 돈을 벌어야 했어요. 처음에는 대리 운전을 할까 했어요. 대리 운전을 하면 낮에는 제 시간을 가질 수 있으니까요. 근데 생각해보니 차라리 관심 있는 로봇과 관련된 일을 하는 게 낫겠다는 생각이 들었어요. 대학원 졸업 후 4년이 지났으니 휴머노이드를 만드는 회사가 있을 것도 같아 열심히 알아봤어요. 역시나 여전히 산업용 로봇을 만드는 회사들만 눈에 보이더라고요. 그러다가 발견한 회사가 바로 로보티즈였어요. 제 인생의 보석 같은 존재지요.

로보티즈는 어떤 회사인가요?

로봇 키트를 많이 판매하기 때문에 학생들은 키트를 만드는 회사로 많이 알고 있겠지만 주력 상품은 모터입니다. 로봇의 뼈대가 되는 하드웨어(액추에이터나 다이나믹셀 등)와 소프트웨어(구동 프로그램)를 모두 개발하는 로봇 전문 회사죠. 가장 많이 팔리는 상품은 다이나믹셀입니다. 다이나믹셀은 2005년에 로보티즈가 자체적으로 개발한 모듈형 액추에이터(구동장치)입니다. 더 간단히 말하면 로봇이 움직이는 데 필요한 모터, 네트워크 감지기, 센서 등을 모두 담아 놓은 로봇 전용 블록인 거죠. 그래서 다이나믹셀을 이용하면 더 쉽게 로봇을 제작할 수 있습니다

그래서 많은 로봇공학자들이 다이나믹셀을 사용하고 있습니다. 물론 저도 쓰고 있고요. 사실 유사한 제품이 많은데 제가 알기로는 다이나믹셀의 시장 점유율이 압도적으로 높습니다. 그만큼 완성도가 높은 제품입니다.

그럼 로보티즈에 입사하고 **로봇 연구**를 본격적으로 시작하셨어요?

아니요. 제가 로보티즈에서 처음 한 일은 로봇 연구가 아니라, 키가 60센티미터인 휴머노이드 '유리아'를 조립하는 일이었습니다. 아주 단순한 조립이었습니다. 아무래도 로봇은 처음이다보니 단순한 일부터 할 수밖에 없었지요.

단순 조립이라니! 석사 출신에 대기업 연구소까지 다닌 경력에 비해 **너무 단순한 일**을 맡으셨는데, 회사 다니면서 불만은 없으셨어요?

로보티즈에 지원할 때 저도 나름 속으로 환영받을 거라는 기대가 있었습니다.(웃음) 근데 웬걸요! 면접에서 김병수 사장님이 "뭐하려고 왔느냐, 로봇이 뭔지는 아냐?"라고 물으시는 겁니다. 그제야 '아 내가 별로 환영받을 만한 인재가 아니로구나.'라는 걸 깨달았습니다. 뭐, 생각해보면 당연했어요. 사장님 눈에는 욱 하고 대기업 연구소를 그만둔 철부지로만 보였을 테니까요. 게다가 유학을 갈 때까지만 일하겠다고 했으니 얼마나 건방져 보였겠어요. 남들은 목숨 걸고 다니는 회사인데. 그래서 모든 걸 솔직하게 말씀드렸습니다. 왜 여기서 일하고 싶은지, 지금 어떤 상황인지를요. 뽑아 준 것만도 감사해서 뭘 시키든지 열심히 했습니다.
그리고 휴머노이드 유리아를 조립하는 일은 단순한 업무였지만 얼마나 재미있던지⋯⋯. 전 그렇게 일에 쏙 빠져본 건 처음이었어요. 그리고 유리아를 조립하면서 엄청난 걸 깨달았지요. 자기가 좋아하는 일을 아니, 하고 싶은 일을 하면 자기가 가진 모든 능력이 최대한으로 발휘된다는 걸요. 매일 밤을 새면서 일하는데도 그게 그렇게 좋더라고요.

로보티즈에 근무하실 때 유튜브(YouTube)에서 크게 **화제가 된 동영상**을 만들었다고 들었습니다. **리얼 트랜스포머**라는 로봇에 대한 동영상이라고 들었는데 어떤 로봇인가요?

다른 사람들과 마찬가지로 저도 꼬마였을 때 언젠가는 변신 로봇을 한 번 만들어보겠다는 로망을 가지고 있었습니다. 리얼 트랜스포머는 이 오랜 로망을 실현시킨 로봇이지요. 로보티즈 제품이었던 바이올로이드와 따로 구입한 모형 자동차를 결합해 로봇에서 자동차로 자유자재로 변신할 수 있게 만들었습니다. 재미삼아 이 변신 과정을 동영상으로 찍어서 유튜브에 올렸는데 조회 수가 100만을 넘어섰습니다. 조회 수가 너무 어마어마해서 저도 놀랐어요. 〈트랜스포머〉라는 영화 탓도 있겠지만 아무래도 자동차가 로봇으로 변신하는 '트랜스포머'에 대한 로망은 저만 가졌던 게 아니었나 봅니다.(웃음)

▶ 리얼 트랜스포머 영상 보기

그렇다면 로보티즈에서 **계속 회사 생활**을 하시며 **로봇을 만들 수** 있을 것 같은데 왜 **굳이 유학을 선택**하셨나요?

데니스 홍 교수님을 만났거든요. 데니스 홍 교수님을 만난 건 제 인생의 중요한 전환점이었습니다. 그분의 열정에 제가 홀딱 넘어갔으니까요.(웃음) '아, 이런 분에게 더 배우고 싶다.' 이런 생각이 너무나 커졌거든요.

데니스 홍 교수님을 인생의 멘토로 여기시는 것 같은데 두 분은 어떻게 만나셨어요?

2007년 데니스 홍 교수님이 제주도에서 열리는 국제로봇학회에 참석하셨습니다. 마침 리얼 트랜스포머 동영상이 유튜브에서 인기를 끌고 있을 때였지요. 버지니아공대 신임 교수였던 홍 교수님은 독창적인 아이디어와 기상천외한 로봇으로 많은 주목을 받고 계셨던 터라 저는 리얼 트랜스포머를 교수님께 직접 보여 드리고 제 가능성을 평가받고 싶었습니다. 그래서 리얼 트랜스포머를 들고 제주도까지 날아갔지요.

많이 떨고 긴장했는데 다행히 교수님과 첫 만남은 아주 즐거웠어요. 홍 교수님은 저의 지도교수이긴 하지만 저와는 네 살밖에 나이 차이가 나지 않는 아주 젊은 스승님이시죠. 나이 차이도 적은데다 에너지가 넘치는 게 저랑 비슷해서, 마치 오랫동안 알고 지냈던 사람을 만난 것처럼 순식간에 마음을 열게 되었습니다. 그렇게 교수님과 인연이 시작되었죠.

원래 계획보다 더 오래 **로보티즈**에서 일하셨을 뿐만 아니라, 그 후에도 로보티즈와 계속 연결되어 있으셨다면서요?

로봇을 조립하고 리얼 트랜스포머를 만드는 재미에 로보티즈에서 한동안 더 일을 했습니다. 그러다 데니스 홍 교수님을 만나면서 미국 유학 준비를 서둘렀지요.
미국으로 유학을 간 후에도 로보티즈 일을 완전히 그만둔 건 아니었습니다. 회사의 배려로 미국에서도 로보티즈 일을 계속했어요. 한국에 있는 본사 연구원들과 다양한 방법으로 의논하며 콘텐츠도 제작하고, 미국에서 직접 처리해야 할 일들은 제가 담당해서 하기도 했습니다. 그러니 로보티즈를 관두고 유학을 간 게 아니라 유학과 로보티즈 일을 병행한 셈이죠. 그 덕에 다시 돌아와서도 로보티즈에서 일을 할 수 있었고요.

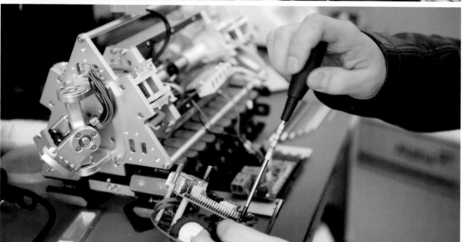

로봇공학자,
어떻게 해야 될 수 있나요?

로봇공학자가 되려면 박사님처럼 꼭 대학을 졸업하고 **석박사학위**를 받아야만 하나요?

제가 청소년들을 위한 강연을 많이 다니는데요, 이 질문을 가장 많이 받아요. 아, 정말 대답하기 어려운 질문이에요. 대학을 꼭 가야 하는지, 박사학위가 꼭 필요한지 어찌나 물어보시는지. 뭐, 사실 전 대학을 꼭 가야 한다거나, 박사학위를 꼭 받아야 한다고 생각하지는 않아요. 로봇공학은 대학을 나오지 않고도 성공할 수 있는 분야 중 하나라고 생각하거든요. 실제로 제가 아는 외국의 훌륭한 로봇공학자 중에는 공대가 아닌 다른 학과를 졸업한 분들이 많아요. 심지어 대학 졸업장이 없는 분도 제법 많고요. 이렇게 대답하면 학생들은 굉장히 좋아해요. 공부를 열심히 하지 않아도 된다고 생각하는 것 같더라고요. 하지만 어머니들은 무슨 소리냐며 눈을 흘기시지요.(웃음) 아마 자기는 박사학위까지 받아 놓고 엉뚱한 소리한다고 생각하실 거예요.

말씀은 그렇게 하시지만, 우리나라 현실상 **대학 졸업을 하지 않으면** 로봇공학자로 **인정받을 수 없지** 않나요?

물론 현재 로봇공학자라고 명확하게 불리는 사람들 중에는 없을 겁니다. 하지만 로봇을 꼭 학자만 만들어야 하는 건 아니잖아요. 뭐랄까, 요새 덕후라고 불리는 사람들이 많지 않습니까? 소위 로봇 덕후들은 박사학위가 없으니까 '학계'에서 인정받지 못하지만 그렇다고 박사들보다 실력이 떨어진다고 단정지어 말하기 어렵잖아요.

그리고 '학계'에서 인정받은 사람보다는 오히려 덕후들이 창의성은 더 좋을 수 있습니다. 열린 사고가 가능하니까요. 이런 사람들은 박사로 인정받기는 어렵지만 로봇 회사를 차린다면 성공할 수도 있지요. 앞으로 로봇 분야에서도 빌 게이츠나 스티브 잡스 같은 인물이 많이 나올 거라 예상하고 있습니다.

그렇긴 하지만 아무래도 **공부를 많이 해야만 첨단 기술에 대한 이해도 가능하고** 로봇 개발에도 참여할 수 있는 게 아닐까요?

맞습니다. 로봇을 만들기 위해선 지금 개발되고 있는 온갖 첨단 기술들이 다 동원됩니다. 따라서 이런 기술의 바탕이 되는 이론을 이해하기 위해서는 당연히 수학이나 과학을 잘 알아야 하죠. 또 여러 분야의 전문가가 모여서 한 대의 로봇을 만들지만 자기 분야 외 다른 분야도 이해해야 하기 때문에 깊고 수준 높은 지식 습득이 필수고요. 이런 지식을 독학으로 습득하기란 결코 쉽지 않아요. 정말 알고 싶다는 열정으로 파고 또 파야 얻을 수 있는 것들이지요.

대학과 대학원은 로봇을 만들 때 필요한 수준 높은 지식을 배울 수 있도록 잘 다져 놓은 수준 높은 교육기관이에요. 게다가 여기엔 실제로 로봇을 만들고 있는 교수님들도 있고 똑똑하고 아는 것이 많은 동료와 선배들도 만날 수 있어요. 어디 가서 이렇게 잘 갖춰진 환경을 찾을 수 있겠어요. 대학이나 대학원에 가면 이 사람들의 지식을 공유하고, 배우면서 발전할 수 있는 기회를 갖게 되는 것이지요. 이런 시각으로 보면 대학을 가는 게 상당히 도움이 됩니다.

저 역시 데니스 홍 교수님과 함께 하면서 얼마나 많은 지식을 배우고 성장했는지 몰라요. 그래서 데니스 홍 교수님을 만난 걸 제 인생의 전환점이라고 생각합니다.

앞에서 말씀하시기를 **대학이나 대학원 과정을 통해 얻은 것**이 많다고 하셨잖아요?(웃음) 그런데 학위가 굳이 필요한 건 아니라고 말씀하시는 이유는 뭔가요?

실제로 저는 대학이나 대학원 과정을 통해 배운 게 많아요. 하지만 지금 우리나라에서는 대학이나 대학원을 스펙으로 여기고 진학하는 경우가 많잖아요. 스펙을 위해서라면 굳이 갈 필요가 없다는 이야기를 하고 싶은 거예요. 로봇을 만드는 데 스펙은 정말 필요하지 않아요. 정말 내가 하고 싶은 게 무엇이고 내 머릿속에 무엇이 들어 있는지가 중요하지요.

로봇을 만드는 데 가장 중요한 건 수많은 이론과 기술이 아니라 이것들을 하나로 융합할 수 있는 능력이에요. 이걸 가능하게 만드는 게 바로 창의성이죠. 하지만 대학입시를 위한 시험 대비용 수학, 과학을 열심히 공부하고 공대에 간다고 창의성이 저절로 생기는 건 아니잖아요. 그러니까 진짜 로봇을 만들고 싶으면 스펙을 노리기보다 다양한 지식과 이론을 쌓은 후에 이걸 합칠 수 있는 창의력을 길렀으면 좋겠어요.

그렇다면 우리나라보다 **로봇 개발이 앞선 다른 나라**에서는 로봇공학자가 되기 위해 어떤 전문 교육과정을 거치나요?

외국은 로봇공학자를 위한 과정이 우리나라보다 더 없어요. 하지만 어느 곳에서도 딱히 가르쳐 주지 않기 때문에 스스로 모여 만든 로봇 모임이 더 많아요. 가르쳐 주지 않으니까 로봇을 정말 만들고 싶은 아이들끼리 이렇게 저렇게 모이는 거지요. 같은 관심을 가진 학생들끼리 만나서 모임을 만들고, 분업을 해서 로봇을 만들어보고, 또 그 로봇으로 대회에 출전하는 거예요. 전문 교육과정은 아니지만 이게 정말 바람직한 모습이 아닌가 싶어요. 좋아서 모이고, 좋아서 만들고, 그러니 결과에 상관없이 그 과정이 얼마나 신나겠어요.

로봇에 **관심 있는 학생들끼리 모여서 팀을 만들고** 시행착오를 거치며 로봇을 만들어보는 문화가 더 바람직하다고 생각하세요?

제가 외국에서 만났던 로봇공학자들은 대부분 이런 과정을 거쳐 로봇 개발자가 되었더라구요. 그 사람들은 결과보다 과정을 즐길 줄 아는 것 같아요. 그런 문화가 무척 부럽기는 했어요. 한번은 레고로 만든 로봇을 가지고 참여하는 대회에 간 적이 있었어요. 물론 각자 로봇을 만들어왔지만 사실 거기 오는 친구들은 등수 같은 건 전혀 개의치 않아 보였어요. 그냥 그 대회에 왔다는 걸 즐기더라고요. 서로 어떤 로봇을 만들어왔는지 살펴보고, 무엇이 다른지 이야기하고, 또 그러다가 장난치고 놀기도 하고…….
우리나라에도 이런 대회는 물론, 이렇게 즐기는 문화가 있었으면 좋겠다고 생각해요. 그래야 아이들이 로봇을 정말 신나게 만들고, 거기서 오는 진짜 성취감을 맛볼 수 있을 테니까요.

박사님은 **미국**에서도 공부를 하셨으니까, 미국과 우리나라 **로봇 교육과정**의 차이점에 대해서 이야기해 주실 수 있지 않을까요?

미국에서는 박사과정을 공부했기 때문에 전체적인 교육과정을 비교해서 얘기할 만한 입장까지는 아니라고 봅니다. 다만 제가 경험한 것 중 가장 달랐던 건 미국의 로봇 전공자들은 연구실에서는 로봇을 직접 만든다는 거였어요. 로멜라 연구소에서도 모든 학생들이 공작기계인 CNC 머신을 이용해서 로봇을 직접 만들었어요. 우리나라에서는 대부분 설계만 하고 기계 제작은 외부에 맡기는 것과는 대조적이지요.

미국 학생들은 대부분 대학 학부 4년 동안 공작기계 다루는 법을 배우고 대학원에 진학해요. 덕분에 기계를 아주 능숙하게 다루지요. 반면 우리나라 학생들은 공작기계 앞에서 한없이 작아져요. 다뤄본 적이 없으니 잘할 리가 없잖아요.

다행히 전 중학교 시절 아버지 공장에서 일하면서 공작기계를 다뤄봤기 때문에 기계 조작에 금방 능숙해졌어요. 아마 중학교 때 경험이 없었더라면 저도 기계 작동법을 배우느라 애먹었을 거예요.

로봇을 **직접 만들어본다**는 건 **어떤 의미**인가요?

자신이 설계한 기계를 실제 만들어보는 것과 그저 조립만 하는 건 차이가 크죠. 로봇에 사용되는 부품들을 직접 만들다보면 이론과 실제의 차이를 정확하게 파악하게 되거든요. 그래서 로봇을 좀 더 효율적으로 설계하면서도 원가를 절감하는 방법을 파악할 수 있어요. 또 어느 부분에서 실수가 많이 나오는지도 알아낼 수 있지요. 때문에 부품 하나하나를 깎아서 로봇을 만들어보면 실전에서 실수를 줄일 수 있어요.

스스로 판단하고,
움직이는 기계

최근 들어 **다양한 로봇들이 등장**하면서 어떤 것까지 로봇이라고 해야 하나 좀 헷갈려요. 박사님이 생각하는 로봇이란 어떤 것인가요? 로봇 청소기 같은 기계도 로봇이라고 할 수 있을까요?

저에게 로봇을 정의하라고 한다면 '자기 스스로 어떤 일을 하는 기계'라고 말하고 싶습니다. 여기서 중요한 건 '자기 스스로'입니다. 어디로 움직일지 스스로 판단할 수 있는 능력이 있어야 진짜 로봇이라는 거죠.
비록 그것이 '빨간 공을 쫓아가라, 장애물을 피해라.'처럼 단순하고 기본적인 명령을 따르는 것일지라도 매 순간 판단할 수 있는 능력이 있다면 로봇이라고 볼 수 있습니다. 그러니까 로봇 청소기는 당연히 로봇이죠. 혼자서 어디로 움직일지 판단하고 돌아다니니까요.

그럼 **공장에서 사용하는 자동화 기계인 로봇 팔**도 로봇이라고 할 수 있나요? 로봇 팔은 사실 공장에 있는 다른 기계들과 많이 달라 보이지는 않던데……

자동화 기계가 스스로 판단하고 작동한다면 로봇이라고 할 수 있겠지요. 사람들은 로봇이라고 하면 인간을 닮은 휴머노이드만 떠올리지만 로봇은 크게 2가지 부류로 나눌 수 있습니다. 공장에서 금속이나 유리를 이어 붙이거나 제품을 조립하는 일, 또 물건을 나르는 일을 하는 로봇은 '산업용 로봇'이라 부르지요. 앞에서 말씀하신 공장의 로봇 팔이 '산업용 로봇'의 대표적인 예라 할 수 있지요. 또 위험한 사고 현장에서 사람을 구하거나 어린아이를 가르치거나 노인이나 장애인을 돌보는 등 서비스를 하는 로봇은 '지능형 로봇'으로 구분합니다.

로봇은 **어떤 과정을 통해 제작**되는지 궁금해요. 전문적인 내용을 잘 모르는 청소년들도 이해할 수 있게 설명해 주시겠어요?

가장 먼저 하는 일은 컴퓨터 프로그램을 이용해 로봇을 설계하는 겁니다. 로봇의 몸체를 계획하고 그 모습을 컴퓨터로 그리는 것이지요. 단순히 설계도만 그리는 건 아니고 각 부분을 어떤 재료로 만들지, 모터나 센서들은 어떤 것을 어떻게 배치할지, 하나하나 골라내는 일도 이 과정에 모두 포함되지요.

설계가 끝나면 필요한 부품을 제작하기 시작해요. 그 다음은 각종 부품들을 조립해서 뼈대를 만들고 여기에 전기회로와 컴퓨터 프로그램을 탑재합니다. 가장 마지막 작업은 외관을 꾸미는 건데, 외관은 엔지니어들이 직접 만들어서 붙이기도 하고 전문 디자이너가 만들기도 하지요.

간단하게 말씀하셨지만 꽤 복잡해보여요. 당연히 한 사람이 만들 수 있는 건 아니겠지요? **전문가가 대략 몇 명 정도** 필요한가요? 그리고 **시간은 얼마나** 걸리나요?

로봇 제작에 참여해야 하는 전문가의 수가 정해져 있는 건 아닙니다. 하지만 기본적으로 설계, 제작, 전기회로 설계, 컴퓨터 프로그래밍의 과정이 필요하니 각각의 전문가들이 있으면 완성도가 더 높은 로봇이 만들어지겠죠. 그리고 말씀드린 것처럼 로봇의 외관도 산업 디자이너가 담당하면 훨씬 보기 좋은 로봇이 완성되지요. 로봇을 하나 제작하는 데는 로봇마다 다르기는 하지만 평균적으로 1~2년 정도 소요된다고 보시면 됩니다.

부인인 **엄윤설 작가**께서 박사님이 만든 로봇의 외관을 디자인해 주고 계신대요, **로봇 외관 디자인**은 어떤 일인가요?

로봇의 껍데기는 사람의 옷하고 많이 다릅니다. 복잡한 기계를 가리는 것과 동시에 로봇이 움직이는 데 방해가 되지 않도록 해야 합니다. 따라서 로봇 외관을 디자인하려면 로봇을 잘 이해해야만 가능하지요. 제 아내인 엄윤설 작가는 금속공예를 전공한데다 저와 늘 붙어 있다보니 로봇에 대한 이해도가 상당히 높은 편입니다. 게다가 디자인 감각까지 갖췄으니 일반 엔지니어들이 하는 디자인과는 상당히 다른 결과물을 내놓지요.

로봇의 외모가 뭐 그렇게 대단하냐고 생각할 수 있지만 인간과 함께 할 거라는 전제하에 보면 단순히 기계를 가리는 기능적인 역할을 넘어, 사람들이 함께 지내기에 불편하지 않으면서도 친근하게 만들어야 하죠. 이런 걸 생각하면 앞으로 로봇 디자이너도 더 많아지지 않을까요?

앞에서 말씀해 주신 **로봇 제작 과정인 설계, 제작, 전기회로 설계, 컴퓨터 프로그래밍** 중에서 박사님은 주로 어떤 부분을 **담당**하고 계신가요? 그리고 그 부분을 맡고 계신 특별한 이유가 있나요?

전공이 기계공학이니까 자연스레 로봇 설계를 시작했어요. 아마 다른 전공이었다면 그 분야 일을 하지 않았을까 싶네요. 그리고 유학 시절에 프로그래밍이나 전기회로 쪽 일도 해보기는 했습니다. 하지만 역시 제가 제일 잘할 수 있는 분야는 설계였어요. 제일 재미있기도 하고요. 그래서 여전히 설계를 맡고 있지요.

새로운 로봇을 설계하다보면 여러 가지 문제로 고민이 많으실 텐데, 박사님이 **가장 많이 고민하는 것**은 무엇인가요?

설계와 제작을 담당하고 있으니 아무래도 설계 단계에서 고민을 많이 하게 되죠. 아이러니한 문제 해결 방법에 대해 가장 고심합니다. 제가 추구하는 로봇은 간단한 구조를 가지고 있지만 효율적이고, 힘은 세지만 가벼운 로봇입니다. 그런데 간단하면서 효율적이거나 가볍지만 힘이 세기는 참 어렵습니다.

간단히 설명하면 이렇습니다. 힘이 세려면 동력이 커야 하고, 동력이 커지려면 모터가 커져야 합니다. 그런데 모터가 커지면 무게가 무거워지는 단점이 발생하지요. 따라서 이런 모순을 해결할 방법을 찾기 위해 늘 고심합니다.

그런데 재미있는 건 이런 고민들이 거짓말처럼 해결될 때가 많습니다. 영화에서처럼 샤워를 하거나 운전을 하다가 정말 기가 막힌 아이디어가 불현듯 떠오르는 거예요. 그럴 땐 정말 하늘에서 떨어지는 선물을 받은 기분이지요. 이 맛에 계속 로봇을 만드는 것 같습니다.

66 로봇 제작 순서와 분야 99

로봇 제작 순서

step 1. 계획하기 : 어떤 기능을 가진 로봇을 만들 것인지 계획을 세운다. 이 과정에서 로봇의 키와 생김새, 이동 수단, 동력의 크기 등을 결정한다.

step 2. 설계하기 : 컴퓨터 프로그램 등을 이용해 로봇의 구조를 설계한다. 만들고자 하는 로봇의 기능과 움직임 등을 고려하여 어떤 재질을 사용할 것인지, 각 부품들을 어느 곳에 배치할지 등을 결정한다.

step3. 부품 준비하기 : 로봇을 만들 때 필요한 다양한 부품들을 준비한다. 수백 개의 볼트와 너트는 물론, 각 부분에 필요한 각종 재료들을 빠짐없이 준비한다.

step 4. 조립하기1 : 부품들을 하나씩 끼워 맞춰가며 로봇을 조립하다. 처음에는 골격을 만들고 골격이 완성된 후에는 로봇이 움직일 수 있도록 모터와 감속기, 제어기 등을 설치한다. 제어기란 우리 몸의 혈관이나 신경처럼 로봇의 골격에 전기신호를 전달하는 전선이다.

step 5. 조립하기2 : 로봇의 움직임을 조정할 수 있는 컴퓨터를 연결하여 설치한 후, 사람의 감각에 해당하는 각종 센서들을 달아 준다.

step6. 테스트 : 조립된 로봇이 원래의 목적과 계획대로 작동하는지 실험한다. 휴머노이드 같은 경우에는 사람과 비슷한 동작을 만들기 위해 꽤 오랫동안 다양한 테스트를 여러 번 반복한다.

step 7. 외관 완성 : 테스트가 완료되면 복잡한 전선과 모터 등을 가려 줄 수 있는 몸통을 제작해서 덮어 준다.

로봇 제작 분야

기계공학 : 로봇의 구조를 설계하고 동력장치를 개발한다. 로봇을 구성할 부품 장치와 재료를 선정하는 것 역시 기계공학 전공자의 몫이다.

전기-전자공학 : 동작을 컨트롤하는 제어장치와 다양한 센서를 개발하고 에너지와 전기를 효율적으로 사용하기 위해 여러 장치를 하나로 연결하는 회로를 만든다. 각종 제어 및 센서는 모터를 비롯해 여러 장치를 컨트롤하는 것이기 때문에 계산 및 속도를 빠르게 설계하는 것이 중요한 요소이다.

컴퓨터공학 : 상황을 판단하고 동작을 결정하는 인지 및 인식 프로그램을 개발하는 것뿐 아니라, 주변 상황과 환경을 인식하고 반응하는 운영 소프트웨어 프로그램 역시 컴퓨터공학 분야의 전공자가 개발한다. 또한 스캐너, 초음파 센서, 터치 센서, 카메라 등 다양한 센서를 통해 여러 환경을 감지하고 상황에 맞는 서비스를 제공하거나 주어진 작업을 수행하도록 설계하는 것도 컴퓨터공학 분야의 전공자가 할 일이다. 그래서 로봇의 지능과 감성 능력 등 인공지능 기술을 연구하는 분야로 로봇 윤리를 연구하는 심리학자, 사회학자 등과 의견을 교류하기도 한다.

이제 진짜

로봇 공학자

chapter
3

01

로멜라 연구소,
그리고 다윈과 찰리

회사를 그만두고 영어 공부를 해서 마침내 **미국으로 유학**을 가시게
되었어요. 어느 학교에서 **어떤 공부**를 시작하셨나요?

버지니아공대의 로멜라 연구소에서 박사과정을 밟기 시작했습니다. 여러분
도 잘 아시는 데니스 홍 교수님이 계신 연구소입니다. 사실 처음에 가려고
했던 곳은 아니었습니다. 그 당시 코넬대학교에 지원했고 입학 허가서도
받아 놓은 상태였죠.

그런데 우연한 기회에 홍 교수님을 만나고 나니 교수님께 직접 배우고 싶
은 마음이 간절해졌습니다. 하지만 쉽사리 코넬대학교를 포기할 수도 없
어서 고민을 많이 했습니다. 코넬대학교는 아이비리그에 속한 곳으로 입학
허가를 받기가 쉬운 곳은 아니거든요. 게다가 공대 중에서 최고로 꼽히는
곳이라서 더 고민이 되었습니다.

하지만 그런 명성보다는 홍 교수님의 로멜라 연구소가 더 저의 마음을 끌
어당겼습니다. 결국 홍 교수님께 저를 로멜라 연구소에 뽑아 달라고 부탁드

렸습니다. 물론 코넬대학교 입학을 포기하겠다고 말씀드렸지요. 다행히 교수님께서 저의 재능을 잘 봐주셔서 2008년 여름부터 교수님 연구소에 박사과정 학생으로 들어갈 수 있게 되었어요.

로멜라 연구소에 계시는 동안 **홍 교수님**과 **같이 일하는 방식**도 꽤 유명하던데요. 에너지 넘치는 두 사람이 만났으니 **재미있는 에피소드**도 많았을 것 같아요. 그중 하나만 소개해 주세요.

홍 교수님과는 정말 많은 일이 있었습니다. 그중에서 비행기를 타고 가면서 로봇을 설계했던 일이 가장 기억에 남습니다. 로보컵 대회에서 우승을 차지한 찰리는 사실 찰리-2입니다. 찰리-1은 2010년 로보컵 대회에서 아쉽게 3위에 그치고 말았습니다. 그런데 찰리-1로 대회를 진행하는 동안 전 내내 이런 생각만 했습니다. '아, 저건 저렇게 만들지 말걸.' '저 부분은 이렇게 고쳐야겠다.' 머릿속에는 찰리-1에 대한 안타까움과 더불어 온통 찰리-1을 어떻게 개조해서 찰리-2를 만들까 하는 생각만 했던 거죠.

그래서 돌아가는 비행기를 타면서부터 설계를 바로 시작했습니다. 싱가포르에서 미국으로 돌아가는 길이라 안 그래도 비행시간이 긴데 돈이 없어서 여기저기 경유하다보니 더 장거리 비행이 되었어요. 넘쳐나는 그 많은 시간에 뭘 했겠어요. 머릿속에 가득 찬 생각들을 설계도로 풀어내기 시작했죠. 설계도를 어느 정도 진척시켜 앞자리에서 주무시고 계시는 홍 교수님 식탁에 설계도를 살며시 얹어 놓았습니다. 그리고 저는 곧 잠들었지요.

그랬더니 홍 교수님이 제가 자는 동안에 설계도를 검토하시고 본인의 생각을 그 위에다가 고스란히 적어서 저한테 돌려 주셨어요. 미국에 도착했을 땐 찰리-2의 설계가 그렇게 완성되어 있었습니다. 성격 급한 저도 저지만 맞장구쳐 주신 홍 교수님도 대단한 분이죠. 이런 열정 덕분에 함께 일했던 시간이 정말 즐거웠습니다.

데니스 홍 교수님의 **로멜라 연구소**에서 박사과정을 밟는 동안 주로 **어떤 로봇**을 만드셨나요?

로멜라 연구소에 가서 처음으로 한 일은 다윈 4의 설계, 제작 및 보행 알고리즘 개발이었어요. 알고리즘이란 어떤 행동을 할 때 필요한 반복되는 절차를 말합니다. 다윈은 로

▎ 로멜라 연구소 로고

보컵 대회의 휴머노이드 키즈 사이즈 리그에 출전하기 위해 만든 인간형 로봇으로 키가 작고 아주 귀엽게 생겼죠. 제가 로멜라에 들어가기 전인 2007년에 다윈 1이 만들어졌고 해마다 업그레이드되고 있었습니다. 저는 그중에 4번째 업그레이드될 다윈 4를 맡게 된 거죠. 이후에 찰리를 만들었습니다. 찰리는 성인 크기의 로봇이 경기하는 어덜트 사이즈 리그가 창설되면서 만든 로봇으로 키가 무려 150센티미터나 됩니다.

찰리는 여러 모로 **유명한 로봇**인데, **자세히 소개**해 주시겠어요?

찰리는 저한테 특별한 로봇입니다. 설계부터 제작까지 직접 한데다 각종 시험과 로보컵 대회 경기 전략을 짜는 것까지 정말 하나하나 정성을 다 쏟은 로봇이니까요. 그래서인지 만든 지 2년 만에 로보컵 대회에서 우승을 거머쥔 건 물론이고 최고의 휴머노이드 상을 수상하기도 했습니다. 또 미국 최초의 성인 크기 휴머노이드 로봇으로 인정을 받았고, 타임지가 선정한 2011년 올해 최고의 발명품 50에도 들어갔습니다. 타이틀이 아주 화려하지요.(웃음) 지금은 시카고 박물관에 전시까지 되어 있답니다.

찰리는 잘 만들어진 로봇이기도 하지만 핸섬 로봇이라는 별명을 얻을 만큼 세련되게 생겨서 유명해진 것도 있습니다. 아내인 엄윤설 작가가 커버 디자인을 했는데, 보통 로봇들은 커버 모양이 직선인데 찰리는 곡선이었습니다. 당시에는 아무도 하지 않는 혁명적인 디자인이었죠. 세련된 외모 덕에 잡지며 교과서 표지 모델도 여러 번 했습니다.(웃음)

▌ 로봇 잡지 표지에 실린 찰리

열정과 기술로 도전,
로보컵 대회

로보컵 대회는 다윈이나 찰리가 여러 번 **출전**했었잖아요? **로보컵 대회**에 대해 좀더 **소개**해 주세요.

로보컵 대회는 로봇들의 월드컵입니다. 전 세계의 내로라하는 로봇들이 나와서 축구 경기를 벌이거든요. 그런데 흔히 생각하는 것처럼 사람이 원격으로 로봇을 움직여 하는 축구 경기가 아니에요. 그야말로 사람은 보고만 있고 로봇들끼리 축구 실력을 겨루지요.

사람들이 하는 축구 경기처럼 주심이 경기 시작 휘슬을 불면 사람은 그저 보고만 있어야 해요. 그리고 로봇들이 스스로 공을 찾아서 드리블을 하고, 패스를 하고, 슛을 해서 공을 넣어야 이길 수 있습니다. 인공지능을 탑재한 로봇만이 출전할 수 있기 때문에 로봇 대회 중 가장 난이도가 높은 대회로 손꼽히지요. 따라서 여기서 우승을 하면 하루아침에 스타가 되기도 하지요. 여러 개의 리그로 나뉘어 대회가 진행되는데 키가 작은 로봇들이 출전하는 키즈 사이즈 리그와 키가 150센티미터 이상인 로봇이 출전하는 어덜트 사이즈 리그가 있지요. 참, 최고의 휴머노이드 로봇한테는 루이비통 컵을 줘요. 명품으로 유명한 그 루이비통 말이에요. 케이스 안쪽에 매년 우승자의 이름을 새겨 줍니다.

2011년에 **다윈-OP**와 **찰리-2**가 양 리그에서 **모두 우승**하면서 화제가 되었어요. 정말 대단한 일인데, **첫 출전**에서 우승을 한 건가요?

첫 출전에서는 저희 팀도 입상을 못했습니다. 제가 데니스 홍 교수님의 팀에 들어가 로보컵 대회에 출전한 것은 2009년부터예요. 다윈-4로 출전했지만 입상은 못했습니다. 다윈은 2007년부터 대회에 출전하기 시작했으니까 5년 만에 대회에서 우승했고, 찰리는 2010년에 어덜트 사이즈 리그가 생기면서 출전하기 시작했으니까 2년 만에 얻은 우승이죠.

2009년에 **다윈-4**로 대회에 처음 출전했을 때는 **입상을 못했다**고 하셨는데, 그때의 에피소드를 말씀해 주세요.

첫 출전이기도 했지만 어마어마한 실패를 맛봐서 그 대회에서 일어난 모든 일들이 생생하게 기억이 납니다. 지금 생각해도 어이가 없지만 조별 예선 첫 경기에서 다윈-4는 아예 움직이지도 못했어요.
첫 경기 때 주심의 휘슬이 울리자 기대에 차서 경기 시작 명령을 보냈습니다. 그런데 로봇 3대가 약속이나 한 것처럼 꼼짝도 안하는 겁니다. 당황해서 머릿속이 하얘졌지요. '도대체 뭐가 문제인 거야?'라는 질문만 생각나고……. 다윈들이 움직이지 않는 동안 상대팀은 신나게 골을 넣었습니다. 작전타임을 얻어 로봇들을 살펴봤는데 도대체 문제가 뭔지 이유조차 모르겠더라고요. 그렇게 첫 경기가 무참히 끝나고 말았습니다.

다윈들이 아예 움직이지 않아서 **정말 어이없고 황당**했겠어요. 경기가 끝나고 나서 **작동이 제대로 안 된 원인**은 찾으셨나요?

전체 명령을 내리는 보드에 문제가 있었습니다. 하지만 로봇이라는 게 문제를 파악했다고 해서 하룻밤만에 뚝딱 고칠 수 있는 게 아니라서 마음이 정말 급했습니다. 무조건 다음 경기까지 보드를 고쳐야만 했으니까요. 상대팀이 골을 넣는데 그냥 서 있기만 하는 다윈을 다음 경기에서 또 보는 건, 생각만 해도 비참하잖아요. 팀원들 모두 눈을 부릅뜨고 달려들어 밤새도록 로봇을 고치고 다시 시행해보기를 반복했습니다.

그래서요? 다음날 경기에서는 **다윈**이 잘 움직였나요? **경기**는 잘 치루셨어요?

하룻밤만에 고치는 것 자체가 무리였습니다. 기적은 일어나지 않았고 다원들은 여전히 꼼짝하지 않았습니다. 그나마 위로가 되었던 건 상대방 로봇들도 다윈처럼 움직이지 않았다는 사실이죠.(웃음) 결국 0 대 0으로 경기가 끝났어요.

마지막으로 패자부활전에 나가게 되었는데 고민 끝에 최후의 방법을 선택했습니다. 아예 메인 보드를 바꿨어요. 그냥 골을 넣는 기능만 가능하도록 고친 겁니다. 그러면 경기를 시작하자마자 그대로 골문으로 달려가서 골을 넣을 수는 있거든요. 원샷 원킬 전략이지요. 패자부활전에서 만나는 로봇들도 대부분 다윈처럼 문제가 많아서 못 움직이는 건 마찬가지였거든요.

한 가닥 희망을 붙잡고 다윈을 경기에 내보냈습니다. 다윈은 우리가 기대한 대로 휘슬이 울리자마자 공을 몰고 골대로 달려갔습니다. 그리고 슛을 날렸지만 공은 골대로 들어가지 않았습니다. 결국 이 전략도 실패한 거죠. 정말 허무한 결말이지요?

경기가 끝나고 많이 속상했겠어요. 하지만 이후에 **로보컵 대회**를 다시 출전할 수 있게 해 준, 꽤 **의미 있는 대회**였을 것 같기도 해요.

맞습니다. 그 대회에 출전하지 않았더라면 다윈의 문제를 발견할 수 없었겠지요. 문제를 발견하지 못했다면 더 업그레이드된 다윈도 탄생할 수 없었을 거고요.

그리고 당시 우승팀인 독일 다름슈타트팀의 리더에게도 많은 걸 배웠습니다. 우승한 팀이 너무 부러웠던 저는 리더인 '도리안'에게 가서 이것저것 궁금한 것을 물었어요. 도리안은 여러 가지 사항을 숨기지 않고 친절하게 설명해 주었어요. 경기에 대한 건 물론, 실수하기 쉬운 기술적인 문제들까지 줄줄 말해 주더라고요. 고맙기도 하고 대단해보이기도 하고.

찰리 로봇들은 2011년 대회에서 우승을 거머쥔 것은 물론 **최고의 휴머노이드**로 선정되었어요. 최고의 휴머노이드는 어떻게 선정되나요?

우승을 했다고 최고의 휴머노이드로 선정되는 건 아닙니다. 최고의 휴머노이드 로봇은 대회에 참가한 팀들의 주장들이 모여 무기명 투표로 선정합니다. 그해 대회에서 찰리는 최고였습니다. 경기를 시작하기 전부터 많은 기대를 받았는데, 기대에 부응이라도 하듯이 예선에서 최다 골을 넣어 4강으로 직행했습니다. 결승에서도 팽팽한 접전 끝에 우승을 차지했고요. 그 덕에 압도적인 표차로 최고의 휴머노이드로 뽑힐 수 있었던 건 아닐까 짐작하고 있습니다.

최고의 휴머노이드로 선발되면 다음해 로보컵 대회가 열리기 전까지 루이비통 컵을 보관할 수 있는 영예를 얻게 됩니다. 찰리 덕에 1년 동안 루이비통 컵을 보관하게 되어 얼마나 좋았는지 모릅니다. 그 컵을 처음 가져온 날 밤새 그것만 쳐다봤다니까요.(웃음)

"그때는 로봇 만드는 게
너무 재미있었습니다.
어릴 때부터 해보고 싶었던
일을 뒤늦게 서른이 넘어서야
제대로 하고 있으니
얼마나 신났겠습니까.
게다가 미국은 한국과 달리
로봇을 만드는 과정이
정말 자유롭습니다."

로보컵 대회 출전을 준비할 때 가장 어려웠던 점은 무엇인지 궁금해요. 밤새 로봇을 **개발하는 것이 가장 힘든 일**인가요?

로봇이 제대로 작동하고 더 나은 기능을 갖게 하기 위해서는 보완 과정을 셀 수 없이 반복합니다. 이 과정은 힘들기는 하지만 즐거운 일이기도 하죠. 그것보다는 아무래도 경제적인 어려움이 가장 힘든 점이에요. 우승을 하거나 다른 이유로 유명해지면 기업들로부터 후원을 받기도 하지만 그러기 전에는 로봇 제작 비용이나 대회 출전 비용을 연구소 자체 비용으로 충당해야만 하거든요.

미국에서 열리는 대회는 사정이 나은 편이죠. 학교에서 미니 밴을 대여해 주어 이동 경비를 좀 아낄 수 있으니까요. 하지만 오스트리아나 싱가포르처럼 해외에서 대회가 열리는 경우에는 참가 비용이 가장 큰 문제입니다. 10명에 가까운 사람들의 항공료는 물론이고 숙박비까지, 비용이 엄청나거든요.

그래서 싱가포르에서 열린 2010년 경기에 참가할 때는 홍콩의 한 쇼핑몰 오픈 행사에 로봇들이 가서 축하 공연을 했습니다. 홍 교수님이 섭외한 이벤트였는데, 이걸 하면 홍콩까지 왕복 항공권과 숙박비를 준다는 거였어요. 마침 기간도 로보컵 대회 1주일 전이었지요. 경비 문제로 골머리를 앓고 있던 우리 팀으로서는 마다할 이유가 하나도 없었어요. 이 이벤트를 하면 홍콩에서 싱가포르까지 항공권만 해결하면 되니 비용이 엄청나게 절감되니까요.

다행히 2011년부터는 시각장애인을 위한 자동차 개발 프로젝트가 성공을 거두면서 로멜라 연구소에 취재 기자들의 출입이 잦아졌습니다. 덩달아 로보컵 대회에 출전하는 다윈과 찰리도 유명해져서 많은 후원을 받을 수 있었습니다. 덕분에 2011년 로보컵 대회를 준비할 때는 연구에만 집중할 수 있었습니다.

열정으로 버틴
유학 생활

유학 중에 **경제적인 어려움**이 컸다고 하셨는데, 로멜라 연구소처럼 유명한 연구소에서 일해도 월급이 많지 않았나 봐요.

버지니아대학의 로멜라 연구소는 정말 신생 연구소였습니다. 그래서 지원 금이 많은 상황은 아니었죠. 작은 지하실에서 학생 여럿이 로봇을 연구했 습니다. 그리고 박사과정이라고 해봐야 아직 배우는 과정이다보니 돈을 많 이 받는 것이 아니라서 경제적으로 좋을 수가 없는 상황이었죠.

그래서 말인데 지금처럼 긴 머리를 하게 된 것도 유학 시절 이발비가 없어 서이기도 합니다.(웃음) 처음엔 돈이 없어서 못 잘랐는데 로봇 관련된 일을 하는 주위 분들이 저를 '긴 머리 동양인'으로 기억해 주는 겁니다. 머리가 짧으면 제가 우승을 한 대회 관계자들조차 저를 못 알아볼 정도로요. 그 래서 머리를 계속 길러서 저를 알려야겠다고 생각하게 됐습니다. 근데 좀 불편할 때도 있습니다. 드라이브를 조일 때마다 머리카락이 내려와서 계속 쓸어 올려야 했거든요.(웃음)

유학 시절 어려운 형편 때문에 하도 먹어서 지금은 **샌드위치**를 싫어하게 되었다고 하셨는데, 도대체 얼마나 샌드위치를 많이 드셨기에…….

정말 셀 수도 없이 많이요. 삼시 세끼 샌드위치만 먹었습니다. 유학 생활 내내 3만 원으로 1주일을 버텼습니다. 정말 놀라운 일이죠? 식빵 사이에 햄 1장, 치즈 1장. 샌드위치를 이렇게 만들어 먹었어요. 초간단 샌드위치를 만드는 저만의 비법으로 무려 2년 동안요. 이 비법 덕에 샌드위치라면 정말 치가 떨리는 부작용이 생겼습니다.(웃음)

듣기만 해도 정말 힘드네요. 그런데도 **유학 생활을 이어갈 수 있었던 건** 역시 로봇 덕분인가요?

그렇죠. 지금도 그렇지만 그때는 로봇 만드는 게 너무 재미있었습니다. 어릴 때부터 해보고 싶었던 일을 뒤늦게 서른이 넘어서야 제대로 하고 있으니 얼마나 신났겠습니까. 게다가 미국은 한국과 달리 로봇을 만드는 과정이 정말 자유롭습니다. 교수님은 가이드 정도만 해 주시고, 설계부터 제작까지 모두 학생의 몫이죠.
예를 들어 설명하자면 가구를 제작할 때 가구를 디자인하고, 나무를 자르고, 디자인한 대로 가구를 제작하잖아요. 그것처럼 로봇도 처음부터 끝까지 학생 스스로 해내야 하죠. 원래 만드는 것을 좋아하는 놈인데 "네 마음대로 만들어봐라." 이러면서 모든 기회를 주니 안 빠져들 수가 있었겠어요?

유학 준비 기간이 **영어 때문에** 길어졌고, **공부하느라 고생**을 좀 하셨잖아요. 유학 가서는 별 문제 없었나요?

왜 문제가 없었겠습니까?(웃음) 처음에는 말이 잘 통하지 않아서 사람들과 좀 서먹했습니다. 하지만 제가 공작기계를 능숙하게 사용하면서부터 분위기가 좀 달라졌습니다.

말은 잘 못하지만 각종 로봇 부품들을 빠르게 뚝딱뚝딱 만들어내니까 다들 신기해했습니다. 보통 한국에서 온 친구들은 이런 기계들을 잘 못 다루거든요. 하지만 전 달랐습니다. 중학교 때 아버지 공장에서 일한 덕에 이런 기계를 다루는 건 영어보다 훨씬 쉬운 일이었지요.

기계를 잘 다뤄서 만드는 것도 수월했지만 그 덕에 연구소 외국 친구들하고 금방 친해졌습니다. 다들 공대생이라 취향이 비슷하니까요. 그렇게 친해지고 나니까 다들 영어 선생님이 되어 주더라고요. 잘못 말하면 그때그때 고쳐 주기도 하고, 내가 궁금해하는 걸 알려 주기도 하고. 그러다보니 영어가 저절로 늘고, 여하튼 그렇게 영어 스트레스를 극복했습니다.

"로봇을 만드는 사람이
많아야 더 많은
아이디어가 나오고,
만들어지는 로봇의 개수도
늘어나게 되지요."

데니스 홍 교수님이 워낙 유명해지면서 함께 **방송도 꽤 많이 하신** 걸로 알고 있어요. 어땠나요?

2011년 로보컵 대회에서 우승을 하면서 교수님이 엄청나게 유명해졌습니다. 로보컵 대회는 로봇 대회 중 가장 크고 권위 있는 경기여서 그 결과에 전 세계의 이목이 집중된 덕이죠. 그리고 때마침 로멜라 연구소에서 시각장애인이 운전할 수 있는 자동차 개발에 성공한 것도 한몫했습니다.

유명세로 인해 한 1년 동안 연구는 못하고 방송만 했습니다. 방송에 나오는 사람은 교수님이지만 로봇 조작은 제가 해야 해서, 저 역시 방송국을 많이 드나들었죠.

로봇과 방송을 하는 일은 긴장의 연속이었습니다. 로봇이 절대로 실수를 해서는 안 되니까요. 사람들은 로봇의 작은 움직임에도 열광하지만 또 작은 실수에도 실망하거든요. 단 1회의 실수도 하지 않기 위해 리허설도 많이 하고 방송이 끝날 때까지 긴장을 놓지 않고 집중해야만 했습니다.

최근 우리나라에서는 **이공계 박사들**이 유학한 후에 한국으로 돌아오지 않고 **미국에 정착**하는 경우가 많다고 들었어요. 박사님 역시 유학 생활을 통해 박사님의 **인지도도 무척 높아졌을 텐데** 한국으로 다시 돌아온 이유는 무엇인가요?

맞아요. 미국에서 정말 괜찮은 제안을 많이 받았습니다. 사실 우리나라는 연구도 그렇지만 유학생들이 돌아와서 정착하기에 만만한 곳이 아닙니다. 엄청난 물가도 그렇고 돈 걱정 없이 연구를 자유롭게 할 수 있는 곳이 아주 많은 건 아니니까요. 다들 돌아오지 않는 게 아니고, 못 돌아오는 게 아닐까 생각합니다.

하지만 전 이런 현실적인 문제에 대한 고민보다 로봇에 대한 꿈이 훨씬 컸습니다. 그래서 미국에서 제시한 엄청난 연봉과 화려한 명예들도 별로 눈에 들어오지 않았고 그저 로봇을 만들고 싶다는 마음만 가득했죠. 그것도 저처럼 끊임없이 새로운 로봇을 꿈꾸고, 그걸 직접 만들겠다는 열정으로 가득 찬 사람들, 그리고 동시에 저보다 더 능력이 뛰어난 사람들과 함께 만들고 싶었습니다. 게다가 말씀드린 것처럼 저에게는 돌아올 회사도 정해져 있었습니다. 로보티즈와 인연을 완전히 끊고 간 게 아니었기 때문에 다른 어떤 사람들보다도 다시 돌아오기가 쉬웠습니다. 아주 운이 좋은 셈이죠.

로보티즈에서 **수석 연구원**으로 일하다 **대학**으로 자리를 옮기셨는데 특별한 이유가 있나요?

다르파 대회에 참가했을 때 가장 부러웠던 건 다른 팀들의 팀원 수였습니다. 우리나라는 휴보팀을 비롯한 모든 팀들이 소수 정예라서, 팀원 한 명이 몇 사람 몫을 하기 위해 이리 뛰고 저리 뛰며 간신히 대회를 진행했거든요. 하지만 다른 나라 팀은 충분한 인력을 가지고 있어서 여유 있게 자신의 분야에 집중했지요.

로봇을 만드는 사람이 많아야 더 많은 아이디어도 나오고, 만들어지는 로봇의 개수도 늘어나게 되지요. 우리나라 로봇 기술은 다르파에서 1등을 할 만큼 발전했지만 여전히 사람이 귀한 실정입니다. 그래서 기회가 닿으면 젊은 로봇공학자들을 키우는 일을 해보고 싶다고 생각했는데 마침 대학에 자리가 나서 옮기게 되었습니다.

세상을 구하는 로봇,
똘망

로보티즈에서 똘망을 개발하셨는데 개발하신 스토리를 들려주세요.

2012년에 미국 국방부 산하 연구 기관인 다르파가 '재난 구조 로봇 대회'
를 개최했습니다. 이 대회는 인류 역사상 가장 큰 규모의 로봇 대회이기도
하지만 다르파라는 대회를 열었다는 것만으로도 굉장한 의미가 있습니다.
다르파는 앞으로 재난 구조 로봇의 시대가 올 거라고 예측한 것이니까요.
유학 시절에 함께 했던 로멜라 연구소와 댄 리 교수님 그리고 제가 속한
로보티즈의 김병수 사장님이 한 팀을 만들어 다르파에 출전하기로 했습니
다. 팀명이 '팀 토르'였지요. 똘망은 재난 구조 로봇 대회에 나가기 위해서
로보티즈에서 만든 건데 사실 진짜 대회에 나갈 로봇이 아니라 시험용 로
봇이었습니다. 실제 대회에는 로멜라 연구소에서 만든 토르가 나갈 예정이
었어요. 그런데 로봇 개발이 마음만 먹는다고 뚝딱 만들어지는 게 아니잖
아요. 정작 12월 본선 날짜가 다가왔는데 토르가 완성되지 않은 겁니다.
어떻게든 대회에 나가야 하니까 결국 똘망을 내보내기로 했던 거지요.

2012년 다르파 재난 구조 로봇 대회에 출전한 로멜라 연구소 팀.

시험용 로봇이었다면 **성능은 떨어지지 않았나요?** 대회 성적은 어땠나요?

예선에서는 9위, 본선에서는 여러 가지로 부족한 게 많아서 15위에 그쳤습니다. 다르파 대회의 예선 미션은 모두 4개였는데, 이 모든 걸 다 잘하게 똘망을 만들 수는 없었습니다. 그래서 점수를 얻을 미션과 포기할 미션을 정해야 했습니다.

똘망은 손목을 360도 회전할 수 있어서 원형 밸브를 잠그는 미션에서는 만점을 받았습니다. 그리고 장애물을 피하면서 운전하는 능력도 뛰어나서 점수를 얻었습니다. 운전 미션으로 점수를 얻은 건 예선에서 1위를 한 일본 팀 샤프트의 로봇과 카이스트의 휴보 그리고 똘망뿐이었습니다. 하지만 다른 미션에서는 점수를 별로 얻지 못했죠.

그나마 본선에 진출할 수 있었던 건 1위였던 일본의 샤프트 팀이 중도에 포기했기 때문입니다. 딱 8위까지만 본선 진출이 가능했는데 1위 팀이 없어지면서 9위 팀이 본선에 나가게 된 거죠. 덕분에 5억 원의 상금도 받게 되었습니다.

본선 성적은 15위에 그쳤지만 저희 팀으로서는 똘망이 미션을 완수했다는 것만으로도 만족스러웠습니다. 똘망은 로보티즈라는 대한민국의 작은 벤처기업에서 만든 로봇이잖아요. 그런 로봇이 세계적인 로봇들과 함께 실력을 겨루었다는 것만으로도 칭찬받기에 충분하다고 생각합니다.

본선에서 **카이스트의 휴보**가 1등을 했는데, 어떤 의미가 있나요?

2012년 다르파가 미션을 발표했을 때 대부분의 로봇공학자들은 고개를 절레절레 흔들었습니다. 로봇들이 수행해야 하는 미션 대부분이 현재의 기술 수준으로는 도저히 가능해보이지 않는, 수준 높은 기술력을 요구하는 것들이었거든요.

미션을 잠깐 소개하자면 로봇이 혼자 운전하여 장애물을 피해 원전 건물까지 가서 무사히 주차를 합니다. 그런 다음 건물의 닫힌 문을 열고 들어가 밸브를 닫고 벽을 드릴로 뚫어야 하죠. 또 벽돌 같은 것이 무더기로 있는 울퉁불퉁한 길을 걸어가서 마지막으로 높은 층계를 올라가야 미션이 완료됩니다. 듣기에는 별로 어렵지 않아 보이지만, 미션을 발표할 당시만 해도 스스로 차에서 내릴 수 있는 로봇조차 없었습니다. 로봇이 이런 행동을 하려면 한 100년 후에나 가능할 거라고 말하는 과학자도 있었습니다.

그런데 3년 후 열린 결승에서는 대부분의 로봇들이 이 미션을 완수했습니다. 즉 1등을 한 휴보가 도저히 가능할 것 같지 않았던 미션을 가장 잘 수행했다는 뜻입니다. 우리나라가 미국이나 일본보다 첨단 기술이 뒤쳐진다는 걸 감안하면 정말 엄청난 능력을 보인 겁니다. 정말 자랑스러운 일 아닌가요?

카이스트에서 개발한 로봇 휴보
(카이스트)

" 로봇 대회는
어떤 것이 있나요? "

Q1

로보컵 대회란?

로보컵 대회는 로봇공학과 인공지능의 융합, 발전을 목적으로 일본 로봇 연구자들이 주축이 되어 만든 인공지능 로봇들의 축구 대회이다. 1997년 일본 나고야에서 제1회 로보컵 대회가 개최된 뒤로 매년 열리고 있다. 소니, 오라클, 루이뷔통, 레고 등 세계적인 기업들이 후원하면서 급성장하였고 현재 세계에서 내로라하는 로봇공학자들이 저마다 인공지능 로봇을 가지고 출전하고 있어 세계가 주목하는 첨단 로봇 기술의 각축장이다. 로보컵 대회가 명성을 얻기 시작한 것은 2002년도 휴머노이드 리그가 신설되면서부터이다. 휴머노이드 리그는 로봇의 크기에 따라 진행된다.

우리나라에서는 2013년부터 한국 주니어 로보컵 대회가 열리기 시작하였고 2016년부터는 대학부가 신설되면서 대회 명칭이 한국 로보컵 오픈대회로 승격되었다. 초·중·고등부가 참가하는 로보컵 주니어 부문의 경기 종목은 축구, 레스큐, 코스페이스, 로봇댄스이고, 대학(원)부는 축구 휴머노이드 리그, 레스큐이다.

전국대회 입상 시 세계대회 출전권을 부여받을 수 있는 축구 종목은 크기와 무게만 제한된 2대의 로봇이 축구 경기를 벌이는 것이다. 댄싱은 정해진 크기의 무대에서 자신들이 제작한 로봇과 함께 춤을 추는 것이고, 레스큐 종목은 설정된 시나리오에 따라 로봇이 스스로 판단하고 작동하여 구조(구출) 미션을 수행하는 것이다. 코스페이스 종목은 가상세계에서 장애물과 상대팀의 로봇을 피하면서 각각 다른 색의 목표를 수집하여 높은 점수를 얻는 경기이다.

대학부 축구 휴머노이드 리그는 로봇 3대가 한 팀이 되어 총 6대의 로봇이 경기를 치루며, 축구장의 크기는 가로 9미터, 세로 6미터이다. 로봇은 비전 시스템을 이용하여 공과 각종 장애물과 골대를 인지하여 인공지능 자율구동으로 골을 넣어야 한다.

레스큐는 일반적으로 도시에서 일어나는 재난을 재현하여 조난자를 구조하는 종목이다. 미국국립표준연구소와 협력하여 재난 현장을 재현하고 각 재난 상황별로 임무를 설정하여 경기한다. 재난 지역은 화학 사고, 가스폭발, 지진 또는 붕괴 건물 세 가지 구역으로 구성된다.

Q2 로봇 올림피아드는 어떤 대회인가요?

현재 우리나라에서 열리고 있는 로봇올림피아드는 2개의 대회가 있다. 세계로봇올림피아드(World Robot Olympiad)와 국제로봇올림피아드(International Robot Olympiad)이다.

세계로봇올림피아드는 레고 마인드스톰, NXT, EV3를 사용하는 로봇 대회로 전 세계의 초·중·고 학생들이 참가하는 대규모 대회이다. 2004년 12개의 나라에서 4000개의 팀이 출전한 것을 시작으로 현재는 매년 55개국 이상에서 2만 팀 이상이 출전하고 있다.

세계로봇올림피아드에서 청소년이 출전 가능한 종목은 경기, 창작, 로봇축구 이렇게 3가지이다. '경기'는 2분 30초라는 제한 시간 안에 주어진 미션을 로봇으로 수행하고 돌아오는 것이고, '창작'은 매년 주어진 주제에 맞는 로봇을 만들어 심사받는 종목이다. '축구'는 말 그대로 로봇으로 축구 경기를 벌이는 것이다.

2017년부터 세계로봇올림피아드 한국대회는 매년 인천에서 개최된다. 청소년의 경우 13~18세가 참가하는 챌린저 부문에 출전하며 로봇배틀, 로봇개더링(빠른 시간 안에 목표 지점에 도착하는 것), 트랜스포터(목적지에 시간에 맞춰 물건을 운반하고 다시 도착 지점에 도착하는 것), 트레버스(휴머노이드 로봇을 활용한 미션 수행), 창작 등의 종목에서 실력을 겨룬다. 이중 가장 주목받는 종목이 창작이다. 세계 각국에서 참가하는 만큼 본선에서는 영어로 프

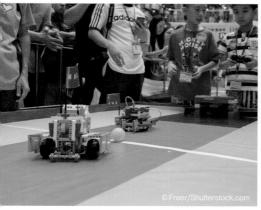
© Freer/Shutterstock.com
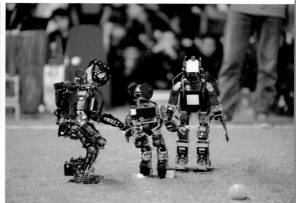

리젠테이션을 해야 하므로 영어 실력도 갖춰야 한다. 한국과 중국에서 많은 입상자가 나오는 만큼 좋은 실력을 지녀야 본선 진출이 가능하며, 입상하면 특별 전형으로 대학 진학이 가능하다.

66 다르파와 재난 구조 로봇 99

다르파가 주도하는 세계의 변화

다르파(DARPA, Defense Advanced Research Projects Agency)는 미국 국방부 산하의 연구기구로 인류의 문명을 혁명적으로 발전시키는 데 앞장서고 있다. 다르파는 1950년대 말에 로켓 프로젝트를 시작했는데 이것은 달 착륙 프로젝트까지 이어져 결국 1969년 아폴로 11호가 인류 최초로 달에 착륙하는 결과를 낳았다. 1980년대에 내건 프로젝트, 인터넷은 1990년 인터넷 혁명으로 이어졌고, 2005년과 2007년에 있었던 무인 자동차 경주 대회는 현재 구글의 무인 자동차 개발로 이어져, 곧 무인 자동차의 시대를 예고하고 있다.

이렇듯 지금까지 다르파의 프로젝트는 10년 뒤 인류의 삶을 획기적으로 변화시키는데 큰 공헌을 해왔기 때문에 다르파가 새로운 프로젝트를 내놓을 때마다 사람들은 이목을 집중하시키며 우리에게 다가올 미래를 예상하고 있다.

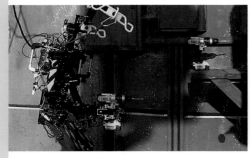 

▌ 다르파 재난 구조 로봇 대회에 참가한 로봇 똘망

다르파는 왜 재난 구조 로봇 대회를 열게 되었을까?

다르파가 다양한 로봇 중 재난 구조 로봇에 집중하게 된 계기는 2011년에 발생한 일본 후쿠시마 원자력 발전소 폭발 사건이 결정적이었다. 원전 폭발 후 사람들은 로봇을 들여보내 밸브를 잠그는 등 위험한 환경을 최대한 안전하게 수습하려 했다. 하지만 모두 실패하고 결국에는 엔지니어 수십 명이 죽음을 무릅쓰고 원전으로 직접 걸어 들어가 사태를 수습해야만 했다. 당시 원전에 들어간 사람들은 방사능에 피폭되어 현재 암 투병 중이거나 이미 목숨을 잃었다. 이런 사실은 로봇공학자들에게 엄청난 충격을 안겨 주었다. 사람이 하기 힘든 일은 물론 사람에게 위험한 일을 시키지 않기 위해 로봇을 개발했지만, 막상 사고 현장에서는 로봇이 아무 소용이 없다는 걸 확인했기 때문이다. 특히 사고가 일어난 곳이 로봇 최강국이라 일컫는 일본이기에 더욱더 충격이 컸다.

다르파는 또다시 이런 엄청난 사고가 일어났을 때는 사람이 아니라 로봇을 투입한다는 목표를 세우고 원전 폭발 상황에서 임무를 수행할 수 있는 재난 구조 로봇 개발에 박차를 가하자는 의미로 다르파 재난 구조 로봇 대회를 열게 되었다.

로봇의 미래를 고민하다!

chapter 4

로봇과 함께하는
미래 그리고 인간의 몫

최근에는 학자들이 **4차 산업혁명**이 일어날 것이고, **로봇들이 정말 대중화**될 것이라고 예측하고 있어요. 로봇공학자로서 어떤 미래를 예상하시나요?

누구나 스마트폰을 사용하는 것처럼, 누구나 로봇 하나쯤은 비서로 두게 될 날이 곧 오리라 생각합니다. 그래서 설거지나 청소처럼 귀찮은 일들은 로봇에게 맡겨두고 사람들은 여가를 즐기게 될 거예요. 그러면 마치 과거의 귀족처럼 생활할 수 있을 겁니다.

아시죠? 옛날 귀족들이 어떻게 생활했는지. 느지막하게 일어나서 하인이 챙겨 주는 밥 먹고, 옷 입고, 친구들 만나서 수다 떨고, 그러다 운동 경기도 한 번 하고. 또 밤이 되면 이 파티, 저 파티 다니잖아요. 그러는 동안 하인들은 집 안 청소를 하고, 빨래를 하고, 밥도 해 놓고……. 여기서 하인이 로봇이라는 것만 다르겠죠. 어때요, 생각만 해도 신나지 않나요?(웃음)

로봇공학자라서 **행복한 미래**를 예상하시는 것 같아요. 하지만 사람들은 로봇이 사람들의 일자리를 빼앗을 뿐만 아니라 더 나아가 **로봇이 사람을 지배하게** 될지도 모른다는 걱정을 많이 해요. 이런 시각에 대해서는 어떻게 생각하시나요?

물론 로봇이 대중화되면 지금과는 분명히 많은 것들이 달라질 겁니다. 새로운 것이 사회에 들어오게 되면 변화는 당연한 것이니까요. 거기엔 좋은 변화도 있겠지만 분명 사람들이 두려워하는 변화도 포함되어 있을 겁니다. 우선 일자리 문제에 대해서는 많은 로봇이 사람의 일을 대신할 거라고 예상합니다.
힘든 노동이나, 반복되는 업무에서는 분명 로봇이 사람보다 능력이 뛰어나니까요. 제 생각엔 가장 먼저 없어지는 직업이 택시 기사나 택배 기사가 아닐까 합니다. 무인 자동차가 택시 기사를, 드론이 택배 기사를 대신할 날이 멀지 않았거든요.

그렇게 로봇들이 **사람의 일자리**를 하나씩 대체하게 되면 많은 사람들이 일자리를 잃게 될 텐데, **실업 문제**가 심각해지지 않을까요?

이 문제에 관해 저는 사람을 믿어야 한다고 말하고 싶습니다. 사실 인류는 지금까지 수많은 변화를 겪어왔습니다. 산업적으로 보면 사람들은 계속 새로운 기술을 개발하고, 이로 인해 사라지는 직업이 생기고, 또 새로운 직업이 생겨났지요. 100년 전만 해도 저처럼 로봇을 만드는 직업 같은 건 없었잖아요.

하지만 또 사람들은 우리에게 닥치는 많은 변화에 굴복하지 않고 모든 걸 적절하게 대응하고 맞춰가는 능력을 지닌 듯합니다. 심지어 몇몇 나라는 다가올 미래를 예측하고 미리미리 대비책을 준비하고 있어요. 지금도 많은 로봇공학자들을 비롯해 미래학자들은 이런 문제에 대해 고민하고 그 대책을 생각하고 있을 겁니다. 결국 우리는 로봇을 받아들이고 그로 인해 발생한 문제를 시간이 걸릴지라도 현명하게 해결하리라 봅니다.

로봇공학자 입장에서 **개발되지 않았으면 좋겠다**고 생각하는 로봇도 있나요?

전쟁용 로봇은 정말 만들어지지 않았으면 좋겠습니다. 얼마 전에 미국이 테러범인 알카에다 지도자를 무인정찰기로 폭격했는데, 이 무인정찰기도 일종의 로봇입니다. 로봇을 아주 나쁘게 사용한 경우죠.

물론 죽은 사람이 테러리스트이니까 별로 문제될 게 없다고 생각할 수도 있겠지만, 전 이런 도덕적인 문제를 떠나서 기계가 사람을 죽이는 것 자체가 있을 수 없는 일이라고 생각합니다. 이런 식으로 윤리적인 규제와 규범 없이 로봇을 개발한다면 정말 사람들이 염려하는 최악의 미래가 닥쳐올지도 모르는 일입니다.

로봇을 만들 때 **어떤 윤리적인 규제와 규범이 필요**하다고 생각하시나요?

어떤 규제와 규범이 필요한지는 로봇공학자인 제가 섣불리 말할 수 없다고 생각합니다. 여러 가지 인문학적 지식이나 윤리적인 지식을 가진 분들과 로봇을 만드는 분들이 한데 모여 사회적 논의와 합의를 통해서 정해야만 하는 문제라고 생각하거든요. 하지만 이 모든 논의에 사람이 가장 우위에 있어야만 한다고 생각합니다.

저 개인적으로 실업 문제나 전쟁 문제에 대해 고민하는 분들을 찾아다니면서 로봇 기술 현황을 소개하고 발전 방향을 알리고 있습니다. 그분들도 로봇에 대해 정확한 정보를 가지고 있어야만 보다 더 깊이 고민하고 로봇에 관한 윤리나 규범에 관한 논의에 참여할 수 있을 거라고 믿기 때문입니다. 저는 이런 노력이 저와 같은 로봇공학자나 과학자들의 사회적인 의무라고 생각합니다.

벌써부터 **로봇에 대한 세금**을 걷어야 한다는 의견이 나오고 이에 대한 **찬반 의견**이 있습니다. 이 문제에 대해 어떻게 생각하시나요?

저는 로봇세 논의의 시작을 긍정적으로 보고 있습니다. 시간이 지나면 로봇이 노동 시장에서 차지하는 비중이 점점 높아질 테고, 분명 경제적인 가치를 창출해낼 테니까요. 경제적인 가치가 높아진다면 합법적으로 세금을

한국 TED에서 강연하는 한재권 박사.

걷는 방법을 논의하거나, 이렇게 걷은 세금을 유용하게 쓸 방법을 논의하는 게 필요하지 않을까요?
아직 로봇들이 어떤 경제적인 이익을 만들지는 못하지만 실제로 이런 문제에 부딪치기 전에 미리 생각해보는 건 분명 의미가 있는 일입니다.

여러 강연을 통해서 박사님은 로봇에 **사람의 문화와 예술** 등을 담아야 한다는 말씀을 자주 하시더라구요. 어찌 보면 로봇이라는 게 **기계에 불과한데** 기계에 그래야만 하는 이유가 뭔가요?

로봇의 존재 이유는 사람을 위한 것입니다. 사람을 편하게 하고, 안전하게 하려고 로봇을 만드는 겁니다. 따라서 로봇은 사람들이 어떻게 행동하고, 무엇을 원하는지 알아야 하고, 이렇게 사람과 공감하기 위해서는 사람에 대한 깊은 이해가 필요합니다.

하지만 로봇은 기계라서 스스로 그걸 얻을 수 없습니다. 저 같은 로봇공학자가 프로그래밍을 해 줘야 가능합니다. 그래서 전 로봇공학자가 공학만 공부할 게 아니라 심리학이나 인문학에 대한 식견이 있어야 한다고 생각합니다. 그래야 자신이 만든 로봇 안에 사람의 문화와 예술을 담을 수 있고, 그런 로봇이야말로 우리가 정말로 필요로 하는 로봇일 테니까요.

66 무인 자동차와 드론 시대 99

2015년 2월, 과학 전문잡지인 〈네이처〉는 2020년이면 무인 자동차의 시대가 열릴 것이라는 글을 게재하였다. 구글은 2014년 12월 이미 시제품을 공개하였고, 2017년 11월 구글의 모기업 알파벳과 인텔이 협력 개발한 자율 주행 자동차 웨이모가 운전자 없이 완전 자율 모드로 공공도로를 주행하는 데 성공했다.

구글 외에도 자동차 회사인 독일의 BMW, 메르세데스 벤츠, 아우디와 같은 자동차 회사들 역시 무인 자동차 기술 개발에 들어가 시험 운행을 하고 있으며, 일본의 도요다도 무인 자동차 개발을 시작했다.

무인 자동차가 대중화되면 사람들의 삶에 많은 변화가 일어날 것이다. 자동차 사고가 현저히 줄어들게 되고, 자동차를 소유하기보다 공유하는 문화가 퍼지면서 기존의 주차장이 다른 쓰임새로 사용될 것이다. 또한 교통법규에 맞춰 효율적으

구글 무인 자동차
(위키미디어, Steve Jurvetson)

로 운전하는 무인 자동차 덕에 교통 체증과 속도 제한 또한 사라지게 될 것이라 내다보고 있다.

하지만 좋은 점만 있는 것은 아니다. 현재 자동차 세일즈나 운전을 생계로 하는 수많은 사람들이 직업을 잃어 엄청난 실업 문제를 일으킬 수 있기 때문이다.

무인 자동차와 같이 조만간 우리 삶을 바꿔 놓을 것 중 하나가 바로 드론이다. 일종의 운송 로봇인 드론은 현재 기술이 상당히 많이 발전된 상태이며, 이미 시범 서비스도 시작했다.

현재 아마존, DHL 같은 글로벌 유통 기업들은 드론을 이용한 택배 서비스를 준비하고 있다. 사람이 물건을 배달할 경우, 배송 시간을 아무리 단축해도 물리적 한계가 있기 마련인데 드론을 이용하면 당일 배송이 완료된다. 더 이상 배송 물건을 기다릴 필요가 없어질 것이다. 하지만 드론 역시 대중화될 경우 수많은 택배 기사들의 대량 실업이 예측된다.

❝ 로봇세(Robot Tax)란? ❞

로봇도 일한 만큼 세금을 내라?

로봇세는 로봇의 노동으로 생산하는 경제적 가치에 세금을 부과하는 것을 의미한다. 즉 사람이 일을 해서 소득을 얻으면 소득세를 내는 것과 같이 로봇을 '전자 인간(Electronic Personhood)'으로 간주하고 로봇이 일해서 생기는 이익에 세금을 매기겠다는 것이다. 단 로봇은 직접 세금을 낼 수 없으므로 로봇을 소유한 사람이나 기업이 세금을 내야 한다.

유럽 연합(EU)의 법제사법위원회는 2017년 1월 12일 로봇에 전자 인간이라는 법적 지위를 부여하는 '로봇 시민법(European Civil Law Rules on Robotics)'을 찬성 17표, 반대 2표, 기권 2표로 제정 결의하여 고도로 정교한 자동화 기능을 갖춘 로봇에 '전자 인간'의 권리와 의무를 부여하였다. 이를 계기로 전 세계의 전문가들은 로봇세에 대해 찬반 의견을 내놓았고, 결국 로봇세는 로봇 관련 업계는 물론 사회의 이슈가 되고 있다.

로봇세로 일자리 교육을!

찬성 입장을 밝힌 사람 중 대표적인 사람은 MS의 창업자인 빌 게이츠이다. 그는 2017년 2월 미국 온라인 매체 〈쿼츠(QUARTZ)〉와 인터뷰에서 "인간과 같은 일을 하는 로봇의 노동에도 세금을 매겨야 한다."는 의견을 내놓았다. 세계적인 유명 인사 빌 게이츠의 인터뷰는 로봇세에 대한 국제적인 관심을 부각시켰다. 그는 로봇세를 걷어 고령자 직업 교육이나 학교 확충 등 일자리를 잃은 사람들을 다시 교육시키는 일에 써야 한다고 주장했다.

프랑스의 대선 후보였던 브누아 아몽도 로봇세에 찬성했다. 로봇세로 마련된 재원으로 소득 불균형을 해소하고 일자리 부족 문제를 해결하자고 했다.

미국 실리콘 밸리의 대표적 스타트업 투자·육성기관 와이콤비네이터(Y Combinator)의 CEO인 샘 알트먼(Sam Altman) 역시 로봇을 사용하면 기업의 이윤이 늘어나게 되므로 당연히 세금을 더 물어야 한다며 로봇세에 찬성했다.

더 나은 제품과 서비스를 제공하는 로봇에게 보조금을 줘야 한다

하지만 반대 의견도 만만치 않다. 미국 래리 서머스 전 재무장관은 2017년 3월 6일 〈파이낸셜 타임즈〉 기고문에서 로봇세에 반대 의견을 펼쳤다. 로봇만이 인간의 일자리를 빼앗는 게 아니라는 것이다. 항공기 탑승권 발권 키오스크나 워드 프로세서와 같은 컴퓨터 프로그램, 모바일 뱅킹 등도 인간의 노동력 활용을 줄였지만 이런 기술에는 과세하지 않기 때문에 로봇에게만 과세하는 것은 공평하지 않다는 것이다.

또한 래리 서머스는 로봇은 단순히 기업주의 소득을 높여 주기만 하는 것이 아니라 더 좋은 제품과 서비스를 창출해내는 역할을 하고 있다고 지적하며, 실제로 인간은 로봇으로 인해 더 나은 서비스를 받는 만큼 로봇을 단지 일자리 약탈자로 몰아가서는 안 된다고 강조하고 있다. 또한 더 나은 제품과 서비스를 제공하는 로봇에게 세금을 부과할 것이 아니라 오히려 보조금을 줘서 사용을 장려해야 한다고 주장했다.

국제로봇연맹(IFR) 등도 로봇세는 로봇 신기술 개발을 지연시키고, 로봇을 사용하고자 하는 기업에도 부담을 주어 로봇 산업 전반에 부정적인 영향을 줄 것이라고 지적했다.

많은 기업들 역시 이미 법인세에 소득세로 이중과세 부담을 지고 있으므로 로봇에 세금을 매기는 것은 부당하다고 외치고 있다.

　로봇세에 반대하는 이들은 로봇 보급률이 세계 최고 수준인 독일이나 일본(근로자 1만 명당 로봇이 300대 수준)의 실업률이 상대적으로 낮은 것을 근거로 들어 로봇이 일자리를 뺏는 주요 원인이 될 수 없음을 주장하고 있다.

로봇의 현재

박사님이 보시기에 현재 **로봇의 발달 수준**은 어느 정도인가요? 사람의 발달과 비교하자면 **몇 살 정도**라고 할 수 있을까요?

제 생각에 지금 로봇은 한 살배기 어린아이 수준입니다. 입력된 프로그램에 따라서만 움직이고 이동하지요. 영화에서나 볼 수 있는, 사람처럼 생각하고 움직이는 로봇이 되기 위해 이제 막 발걸음을 뗀 정도라고 생각하면 됩니다.

그래서 전 지금이 정말 중요하다고 생각합니다. 모든 로봇들이 한 살 수준인 바로 지금부터 인간과 로봇이 함께 살아야 할 세상을 미리 준비해야 한다고 봅니다.

지금부터 **로봇과 함께 사는 시대**를 대비해야 한다는 말씀을 많이 하셨어요. 로봇이 겨우 **한 살 수준**이라면 너무 서두르는 건 아닐까요?

절대 이르지 않습니다. 전 지금이 우리가 로봇 시대를 대비할 적기라고 생각합니다. 어린아이도 한 살 때는 순수하잖아요. 부모가 정해 준 기준에 따라 행동하고 성장하지만 사람은 성장하면서 수많은 변수를 만나지요. 하지만 로봇은 만드는 사람이 정한 기준대로, 로봇공학자가 입력해 준 가치에 따라 행동해요.
따라서 모든 로봇들이 한 살 수준인 바로 지금, 로봇이 할 일의 한계와 로봇에게 주어야 할 규범과 가치 그리고 인간이 꼭 지켜야 할 것들이 무엇인지에 대한 논의가 시작되어야 한다고 봅니다.

어느 정도 시간이 지나야 **영화**에서처럼 **사람과 비슷한 능력**을 지닌 로봇을 볼 수 있을까요?

빠르면 10년, 늦어도 20년 안에는 그런 수준 높은 로봇을 만나지 않을까 싶습니다. 최근 로봇 산업은 엄청난 속도로 발전하고 있습니다. 미국은 정부가 로봇 산업을 장려하는 것은 물론 기업들도 많은 돈을 투자하며 발전을 이끌고 있습니다. 이렇게 정책과 투자가 함께 이루어지면 어떤 기술이든지 빠르게 발전하게 되지요.

'집집마다 로봇이 1대씩 있는 시대가 올 것이다.'라고 말씀하셨는데 그렇게 되려면 보통 사람들도 어디서나 로봇을 쉽게 살 만큼 **상업화**가 되어야 하잖아요. 현재 로봇의 상업화는 얼마나 진행되었나요?

산업용 로봇이나 수술용 로봇인 다빈치 같은 경우는 이미 상업화가 되었습니다. 하지만 일반인들이 가정에서 이런 로봇을 필요로 할 리는 없지요. 현재 휴머노이드 중 일반인들에게 판매 가능한 것은 일본의 소프트뱅크가 개발한 '페퍼'뿐입니다. 페퍼는 세계 최초의 감성 인식 퍼스널 로봇으로 2014년 6월에 발표되었고 2015년 시범 판매가 이루어졌는데 열렬한 호응에 힘입어 매진되었지요. 현재 3년간 1만 달러의 비용에 대여되고 있습니다. 소형차 한 대 가격에 맞먹지만, 페퍼의 실제 가치는 2천만 원도 넘을 텐데 초반에는 이윤을 남기지 않겠다는 판매 전략인 것 같습니다.

페퍼도 그렇지만 대부분의 **서비스 로봇은 휴머노이드**입니다. **특별한 이유**가 있나요?

서비스 로봇이라는 게 사람들이 귀찮아하는 일들을 대신해 주는 거잖아요. 청소나 설거지, 각종 심부름, 요리 같은 거 말입니다. 따라서 사람이 서 있는 그 자리에 대신 서 있어야 하지요. 그렇다면 어떤 형태일 때 가장 효율적일까요? 바로 사람의 모습이겠지요? 딱 사람만한 키, 사람처럼 움직이는 팔다리, 사람처럼 보고 들을 수 있는 눈과 귀를 가져야 마치 내가 한 것처럼 집안일을 척척 해내지 않겠습니까. 모든 로봇은 그 역할에 가장 효율적인 형태로 개발됩니다. 그러니 서비스 로봇이 사람과 비슷한 모습으로 개발되는 것은 아주 당연한 일이지요.

현재 **우리나라의 로봇 개발 수준**은 어느 정도인가요?

우리나라 사람들은 이 문제에 관심이 많아요. 제가 강연할 때마다 이 질문을 받곤 합니다.(웃음) 데니스 홍 교수님처럼 미국에서 활약하면서 이름을 알린 한국인 로봇공학자는 꽤 있습니다. 또 오준호 박사님이 만드신 휴보 덕분에 '로봇'하면 한국을 떠올리는 관련 업계 사람들도 상당히 많은 편입니다. 하지만 전반적인 로봇 기술을 따져보면 우리나라의 수준은 아직 미국이나 일본을 뒤따라가고 있는 수준입니다.

물론 각 나라가 보유하고 있는 로봇 기술을 절대적인 순위를 매겨서 비교하는 것 자체가 쉽지는 않습니다. 나라마다 문화가 다르다보니 서로 주력하는 개발 분야가 판이하게 다르거든요. 우리나라와 가장 가까운 일본은 특히 휴머노이드 분야에서 큰 성과를 얻고 있습니다. 도요타의 아시모나 소프트뱅크의 페퍼처럼 잘 알려진 휴머노이드들이 꽤 있습니다. 물론 기술적인 분야에서도 세계 최고의 기술을 보유하고 있기도 하고요.

미국도 구글과 같은 대기업과 정부의 경제적, 정책적 지원을 업고 공격적으로 로봇을 개발하고 있습니다. 오바마 전 대통령은 2011년 6월 로봇의 각 분야에 대대적으로 투자하겠다고 선언했고, 구글과 같은 기업도 무려 8개나 되는 로봇 기업을 인수하면서 로봇 개발에 집중하고 있는 실정이지요. 실용성을 중요하게 생각하는 독일은 산업용 로봇 개발에 있어서는 세계 최고입니다. 독일의 쿠카(KUKA), 스위스의 ABB 같은 산업용 로봇 업체들은 로봇에 쓰이는 부품 시장을 휩쓸고 있지요.

우리나라는 기술이나, 정책, 경제적인 지원 등이 다소 부족하기는 하지만 그 어느 나라보다 우수한 인재가 많습니다. 또 로봇에 대한 열정도 다른 나라 못지 않고요. 개인의 능력이 뛰어난 만큼 정부의 지원과 기업의 투자가 더 많아지면 기술적으로 앞선 나라들을 따라잡는 건 그리 어렵지 않을 것 같습니다.

박사님도 로봇 분야의 전문가지만, **전 세계적으로 주목할 만한 로봇공학자** 몇 분 소개해 주세요.

먼저 로드니 브룩스 박사가 생각나네요. 괴짜, 이단아라고 불리기도 하지만 또 한편으로는 로봇공학의 선구자라고 평가받기도 합니다. 아주 혁신적인 사고방식으로 유명하신 분이죠. 청소 로봇 '룸바'로 알려진 아이로봇을 만들었고, 그분의 제자 중에도 로봇공학자로 성공한 분이 여럿 있습니다. 로봇을 만들고 싶다면 그분에 관해 알아두는 게 좋을 것 같습니다.

또 MIT 공대의 한국계 로봇공학자인 김상배 교수도 꼭 알아두어야 할 분입니다. 보스턴 다이나믹스의 빅독과 견줄 만한 MIT의 치타 로봇을 만든 분이죠. 스탠포드대학 재학 시절에 이미 게코 도마뱀을 본떠 만든 스티키

 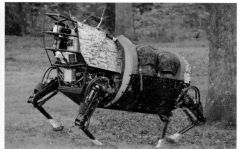

좌)스티키봇, 우)빅독 (위키미디어)

봇을 만들어서 유명세를 탄 분이기도 하고요. 로봇공학자로서 귀감이 될 만한 분이라고 생각합니다. 로봇공학자를 꿈꾼다면 그분이 하시는 연구에 관심을 갖고 지켜보면 좋겠습니다.

보스턴 다이나믹스를 설립한 마크 레이버트 박사 역시 세계적인 로봇공학자로 손꼽히는 분입니다. 보스턴 다이나믹스는 로봇에 관해서는 독보적인 기업이죠. 4족 보행 군사용 로봇인 빅독(Big Dog)에 이어 와일드캣(Wild Cat) 등을 내놓아 세계적인 주목을 받았습니다. 이 기업을 설립한 사람이 바로 마크 레이버트 박사입니다. 구글이 인수했던 보스턴 다이나믹스를 일본 소프트뱅크가 인수하면서 소프트뱅크의 막대한 자본을 업고 연구하고 계시죠. 앞으로 어떤 로봇을 내놓을지 저 역시 관심을 갖고 지켜보고 있어요.

직업인으로서
로봇공학자

아직까지 로봇공학자는 직업이라기보다 본인의 꿈 실현이라는 느낌이 더 많습니다. **로봇공학자라는 직업의 전망**을 예상해 주세요.

현재 개발한 로봇을 팔아서 돈을 버는 과학자는 그리 많지 않은 게 사실입니다. 하지만 앞으로 로봇공학자는 엄청나게 많이 필요할 겁니다. 벌써 우리나라 구인 사이트에 로봇공학자를 구하는 미국 회사의 구인 광고가 올라오기도 합니다. 연봉도 우리나라 대기업과 비교할 수 없는 수준으로 높지요.

이건 시작일 뿐이라고 생각합니다. 시간이 지날수록 수요가 급증할 거예요. 집집마다 청소기나 냉장고가 있는 것처럼, 개개인이 스마트폰을 사는 것처럼, 로봇을 구입할 시기가 멀지 않았다고 예상되거든요. 자, 얼마나 많은 로봇이 만들어지고 개발될지 상상해보세요. 그럼 그 로봇을 누가 다 개발하겠습니까? 분명 지금보다 훨씬 많은 수의 로봇공학자가 필요할 게 틀림없습니다.

로봇이 **미래 산업**으로 각광받으면서 최근 들어 로봇과 관련된 자격증이 꽤 많아졌습니다. 공부해서 이런 **자격증을 따면 도움**이 많이 되나요?

본인의 선택 여부이겠지만 꼭 따야 하는 건 아닙니다. 실제 연구원들 중에도 자격증을 가진 사람은 거의 없어요. 자격증보다는 로봇 제작에 관련된 공부를 하거나 직접 로봇을 제작해보는 게 훨씬 더 도움이 됩니다.

박사님이 생각하시기에 우리나라의 **로봇 산업이 더 발전**하기 위해서 **필요한 것**은 무엇인가요?

로봇을 개발하고 만드는 데는 많은 투자가 필요합니다. 하지만 현재 로봇이 상품화가 된 게 아니라서 뛰어난 로봇을 개발한다 해도 당장 큰돈을 벌 수 있는 건 아닙니다. 대회에 나가서 큰 상금을 받아야만 로봇 개발비를 마련할 수 있어요. 따라서 로봇 산업이 발전하기 위해서는 기업의 투자와 정부의 지원이 절실합니다.

2008년 미국에서 공부하기 시작한 무렵에 미국 로봇공학자들은 저를 많이 부러워했습니다. 당시 우리나라 정부가 로봇을 새로운 성장 동력으로 지정하면서 정부의 지원이 풍부하다는 사실이 알려졌기 때문이지요. 그런데 그 이후 점점 정부의 지원이 줄어들었고 많은 로봇 회사들이 연쇄적으로 문을 닫았습니다. 그리고 아직까지도 대기업들은 투자를 망설이고 있는 실정이지요.

반면 미국은 구글, 애플, 아마존 같은 큰 회사들이 로봇 산업에 막대한 자금을 투자하고 있습니다. 일본도 혼다, 소니, 도요타가 주도적으로 로봇 산업을 이끌고 있지요. 앞서 말한 것처럼 우리나라 로봇 산업의 가장 큰 재산은 바로 똑똑한 인재입니다. 여기에 정부의 지원과 기업의 투자가 더해진다면 우리나라의 로봇 산업이 그 어느 나라에도 뒤지지 않을 거라고 확신합니다.

로봇공학자가 되기를 잘했다고 생각하거나 혹은 **가장 보람을 느꼈던 순간**은 언제인가요?

한양대학교에 자리를 잡은 후 여기저기서 강연 요청을 받아 강연을 꽤 다녔습니다. 그러다보니 로봇공학자가 되고 싶은 청소년들이 정말 많다는 걸 알았어요. 강연장에서 그런 친구들을 만날 때 '내가 로봇을 만들기를 참 잘했다.' 하는 생각을 해요.

다들 반짝이는 눈빛으로 저를 바라보며 이것저것 물어보는데, 내가 이 친구들에게 도움을 주는 사람이라는 게 참 감사하고 좋더라고요. '그동안 내가 허투루 살지는 않았구나.' 하는 생각도 들고요.(웃음)

로봇을 **개발하면서** 여러 가지 일을 많이 겪으셨을 거 같아요. 그중에 가장 **기억에 남는 일**은 무엇인가요?

워낙 여러 가지 일들이 많아서 하나만 꼽기가 쉽지 않습니다.(웃음) 차라리 제게 가장 큰 자산으로 남은 것을 이야기하는 편이 좋을 것 같아요. 로봇을 만들면서 제게 남은 가장 큰 자산은 함께 일했던 팀원들입니다. 때로는 동료이고, 때로는 스승이 되기도 하는 팀원들은 고생도, 즐거움도 함께 나누게 되잖아요. 그래서 한 사람, 한 사람 다 제 마음속에 굉장히 크게 자리 잡고 있습니다. 또 대회가 끝나고 팀이 해체되어도 여전히 그들은 저한테 좋은 선배고, 후배고, 동료예요. 제가 로봇을 만들고 있는 한 아니, 로봇 제작을 그만둔 후에도 영원히 남을 사람들이에요. 저한테 이보다 값진 재산이 또 있을까 싶습니다.

부인께서 **로봇 디자이너**이시고 강연도 함께 하신 걸로 알고 있습니다. 두 분이 **로봇 이야기**를 정말 많이 할 것 같은데, 두 분이 만들고 싶은 로봇은 어떤 로봇인가요?

아톰이나 짱가는 만화 캐릭터지만 이 두 로봇 모두 사람을 도와주는 로봇입니다. 저희 둘은 이런 로봇을 만들자는 이야기를 많이 합니다. 그리고 이런 바람은 제가 처음 로봇을 만들겠다고 결심했던 때와 똑같죠. 전 사람들이 하기 힘든 일, 귀찮은 일, 하기 어려운 일을 대신해 주는 그런 로봇을 만들고 싶습니다. 그리고 여기 한 가지를 더 한다면 착한 로봇이었으면 좋겠습니다. 사람을 이해하고, 사람을 위로하는, 그리고 선함을 기준으로 행동하는 로봇 말입니다.

물론 이런 로봇이 뚝딱뚝딱 만들어질 거라고는 생각하지 않습니다. 기술적으로도 많이 발전해야 하고, 많은 고민과 논의가 더해져야겠지요. 그래서 지금도 아내 엄윤설 작가와 함께 어떻게 해야 이런 로봇을 만들 수 있을지 이야기하고 또 이야기합니다. 저나 엄 작가의 고민과 노력이 모여 언젠가는 이런 로봇들이 만들어질 거라 기대하면서요.

최근에도 새로운 로봇을 개발하고 계시죠? 지금 연구 중인 로봇은 어떤 로봇인지 소개해 주세요.

현재 2개의 로봇을 개발하고 있어요. 하나는 재난 구조 로봇으로 KT와 공동으로 개발 중입니다. 한 대당 25킬로그램 정도인 로봇들이 연결된 형태인데 필요할 때에는 스스로 합치기도 하고 분리되기도 합니다. 이 로봇은 바람이나 장애물 때문에 뒤집히더라도 작동이 됩니다. 무엇보다도 가장 큰 강점은 통신 능력입니다.

재난 현장은 사람이 들어가기 어려운 곳이 많을 뿐더러 깊이 들어갈수록 통신 신호가 약해져서 로봇이 정보를 수집한다 해도 통신 신호를 보내기가 어렵습니다. 하지만 지금 개발 중인 이 재난 구조 로봇은 여러 개가 줄줄이 결합되어 있다가 재난 현장에 투입된 후 통신 신호가 약해지는 지역에 가면 가장 끄트머리에 있는 로봇이 분리됩니다. 분리된 로봇이 그곳에서 중계기 역할을 하는 거죠. 더 깊은 곳으로 들어가면 또다시 맨 끝의 로봇이 분리되어 두 번째 중계기가 됩니다. 그러니 다른 로봇들보다 통신 신호를 잘 보낼 수 있겠죠.

깊은 곳으로 갈수록 몸체를 하나씩 떨어뜨리고 가는 모양새가 마치 집으로 가는 길을 찾으려고 빵 조각을 떨어뜨리는 헨젤과 그레텔의 모습과 비슷해 프로젝트 명도 '헨젤과 그레텔'로 정했습니다.

또 다른 로봇은 감성 로봇입니다. 털북숭이 로봇인 '에디 01'은 사람의 촉각을 만족시킬 수 있도록 부드러운 털을 두르고 그 사이에 전도성 실을 장착해 사람이 로봇을 쓰다듬으면 눈의 표정과 소리, 몸짓으로 반응합니다.

'에디 01'이 2017년 한국로봇학회 로봇 디자인 대회에서 특별상을 받았다고 들었는데 더 자세히 소개해 주세요.

제가 설계하고, 아내인 엄윤설 작가가 디자인한 에디는 가로·세로·높이 30센티미터 미만의 아담한 체구에 북슬북슬한 털이 달려 있어서 강아지 같습니다. 하는 행동도 강아지와 비슷합니다. 관람객의 헬멧 속에 장착된 무선 통신 장치의 신호를 받아 주인의 방향을 파악하고, 공연장 여기저기에 설치된 카메라와 통신 장치로 자신과 주인 사이의 거리를 알아내기도 하지요. 특별상을 수상한 이유는 로봇과 심리적 거리를 좁혔다는 점을 높이 평가받았기 때문입니다.

로봇 에디를 개발한 한재권 박사와 로봇디자이너 엄윤설 작가 (국립과천과학관)

스키 로봇 다이애나와 훈련 중인 문정인 선수

최근에 **가장 몰두한 일**은 무엇인가요?

최근에 스키 로봇을 만드는 일에 전력을 쏟았습니다. 평창 동계올림픽 기간 중에 강원도 횡성에서 세계 첫 로봇 스키 대회인 '스키로봇 챌린지'가 열렸거든요. 산업통상지원부가 주최한 이 대회에 국내 총 8개팀이 참가했는데, 자율미션 부문은 ㈜미니로봇의 '태권브이'가, 원격조정 미션 부문은 한국로봇융합연구원의 '스키로'가 1위를 했어요. 우리 한양대학교 DIANA는 원격조정 미션 부문에서 2위를 차지했지요.

로봇이나 로봇공학자 양성 외에 또 **어떤 일을 계획**하고 계신가요?

한국 로보컵 오픈대회를 번창시키고 싶은 바람도 있습니다. 2016년에 대학부가 신설되었는데 첫해 출전 팀이 딱 3팀밖에 없었습니다. 국내에 워낙 팀이 없기도 하지만 있는 팀들도 다들 경제적인 이유 때문에 참여하지 못하더라고요. 안타까웠지요.

참가팀이 적은 것뿐만 아니라 로보컵 대회를 어떻게 진행하는지 아는 사람도 저밖에 없어서 혼자 정말 정신없이 뛰어다녔던 기억이 납니다. 그런데 또 신나고 재미있더라고요. 그래서 앞으로도 이 대회를 계속 키워서 정말 많은 사람들이 이 대회를 즐기게 하고 싶습니다.

04

로봇공학자가
되고 싶다면

로봇공학자를 꿈꾸더라도 **확신을 가지고 끝까지 목표를 실현**하기는 쉽지 않은 것 같아요. 나한테 소질이 정말 있을까 같은 고민에 빠질 수도 있고요. 박사님은 이런 **고민** 없었나요?

왜 없었겠어요. 오랜 시간 꿈을 쫓다보면 누구나 당연히 할 수 밖에 없는 고민인 것 같아요. 저도 '내가 잘하고 있는 걸까?'라고 의심해보는 시간이 있었습니다

그런 의심이 들 때 전 슬쩍 다른 시도를 했어요. 로봇 만드는 일 말고 이것 저것 다른 일을 하다보니 알게 되더라고요. '아~ 난 로봇 만드는 일을 제일 잘하는구나. 그중에서도 로봇을 설계하고 만드는 일을 최고로 잘하는구나.' 하고요.(웃음) 그래서 다시 본업으로 돌아왔습니다. 그리고 지금까지 옆길 안 돌아보고 달려왔네요.

어떤 일을 좋아하는 것과 소질이 있는 건 좀 다른 것 같아요. **언제 내가 소질이 있나 판단해야** 할까요?

맞습니다. 어떤 일을 좋아한다고 다 소질이 있는 건 아니니까요. 우리나라에 축구 좋아하는 사람 많잖아요. 하지만 그 사람들이 다 축구 선수를 하지는 않습니다. 심지어 취미로라도 축구를 직접 하는 사람들조차 많지 않지요. 축구 선수가 되는 사람은 극히 몇 명에 불과합니다. 좋아하는 것과 소질이 있다는 것의 경계는 '직접 해보고 싶은 마음'이라고 생각합니다. 그나마 동네 축구라도 하는 사람들은 축구를 잘하는 사람들이잖아요. 그리고 더 잘하는 사람들이 선수가 되는 거고요.

로봇도 똑같습니다. 보통 사람들은 그저 로봇을 수집하는 정도에 그칠 수 있습니다. 하지만 정말 소질이 있는 사람들은 보는 데 그치지 않고, 로봇을 보면서 '한번 만들어 보고 싶다.'라는 간절한 마음이 꿈틀꿈틀 자라나 결국에는 직접 로봇 제작에 나서게 되지요. 만일 로봇을 볼 때마다 '이런 로봇을 하나 만들어보면 어떨까?' 하는 욕구가 생긴다면 소질이 있는 겁니다. 그러니 망설이지 말고 한번 만들어 봤으면 해요.

어릴 적 꿈이었던 **로봇공학자**가 되기까지 박사님을 이끈 **원동력**이 있다면 무엇인가요?

아직은 로봇이 낯설어서 로봇이 눈앞에서 스르르 움직이면 다들 탄성을 지르며 환호를 합니다. 자기가 만들지도 않았는데 그 정도이니 만든 사람들은 얼마나 기쁘겠어요. 대단한 움직임이 아니더라고 내가 예상한 대로 움직여 주면 정말 온몸이 짜릿짜릿합니다. 사실 로봇이라는 게 그냥 쇳덩어리일 뿐이잖아요. 그런데 내가 지시한 대로 공을 차고, 걷고, 대답하다니! 게다가 그걸 내 두 손으로 직접 만들었다니! 그 쾌감이란 정말 겪어보지 않고는 모를 거예요.

그 순간에 느끼는 기분과 감정들이 저에게는 로봇을 계속 만들게 하는 힘입니다. '이런 로봇을 만들면 이 로봇이 이런 일을 하겠구나.'라는 상상을 하게 되니까요. 내가 만든 로봇이 노인을 부축하고, 장애인을 목욕시키고, 불 속에서 사람을 구해서 나온다고 생각하면 아직 만들지도 않았는데 뿌듯해져요. 그리고 언젠가는 꼭 만들어야겠다고 다짐도 합니다.

로봇을 만들기 위해 꼭 갖춰야 할 **능력**이 있다면 어떤 게 있을까요?

어떤 능력이 필요하다고 한 마디로 말하기는 어려운데, 상상력을 발휘하고 이걸 실천해보는 도전이 필요할 것 같습니다. 아직 로봇은 공장이 아닌 연구실에서 태어나기 때문에 '정형화된 틀'에 의해 만들어지지 않습니다. 사람들의 상상력에 의해 태어나죠. 그러니 먼저 새로운 걸 상상해내는 게 가장 중요합니다. 아이디어가 있어야 실체가 생기니까요. 그 다음에 이 상상을 실천으로 옮기는 도전이 필요합니다. 말이 쉽지, 머릿속에 떠오르는 특별한 아이디어를 실제 눈앞에 보이는 실물로 만들어내기 위해서는 엄청난

"사실 로봇이라는 게 그냥
쇳덩어리일 뿐이잖아요.
그런데 내가 지시한 대로
공을 차고, 걷고, 대답하다니!
게다가 그걸 내 두 손으로
직접 만들었다니!
그 쾌감이란 정말 겪어보지
않고는 모를 거예요."

행동력과 노력이 뒷받침되어야만 합니다. 용감하게 저지르지 않으면 아이디어로 끝날 가능성이 아주 많습니다.

두 번째는 아주 현실적인 능력인데 사람들과 의사소통을 잘하고, 누구와도 문제없이 잘 지내는 사회성은 몇 번을 강조해도 지나치지 않을 만큼 중요합니다. 제가 늘 말하지만 로봇은 협업입니다. 다양한 능력을 가진 로봇을 만들어야 할수록 팀의 규모는 커지면 커졌지 작아질 리 없습니다. 다수의 사람들이 의견을 모아 하나의 창조물을 만들기 위해서는 팀원들 간의 원활한 의사소통이 전제되어야 합니다. 남의 의견을 귀담아듣고, 때로는 내 주장을 논리적으로 펼칠 줄도 알아야 하죠. 여기에 인간적인 배려심도 장착해야 하고, 남의 감정을 읽어 주는 공감력도 필요합니다.

다들 로봇을 만든다고 하면 수준 높은 지식을 가져야 한다는 생각을 먼저 떠올리겠지만 아무리 많은 지식을 담고 있어도 다른 사람과 나눌 수 없다면 인정받는 로봇공학자는 될 수 없을 거예요.

로봇공학자를 꿈꾸는 친구들에게 **당부**하고 싶은 말씀이 있다면 해 주세요.

모든 일이 그렇듯이 로봇을 만드는 일도 매 순간 신나고 재미있기만 한 건 아닙니다. 로봇이 잘 만들어지지 않을 때는 짜증이 나기도 하고 심하면 슬럼프에 빠지기도 하지요. 또 여러 명이 팀을 이루어 하는 일이라서 같은 팀 동료들과 의견이 맞지 않아 팽팽한 긴장감이 생기기도 하지요. 또 로봇은 제작 기간이 길고, 제작비 역시 만만치 않죠. 로봇을 완성한다고 해도 성공이 100% 확실한 것도 아니고, 고생한 만큼 금전적인 보답이 돌아온다는 보장도 없지요. 이런저런 생각들은 하다보면 딱 그만두고 싶은 마음이 들기도 합니다.

그럴 때는 로봇을 만들 때 느끼는 희열과 재미를 생각했으면 좋겠어요. 안 풀리던 문제가 거짓말처럼 풀려서 짜릿했던 순간, 내 생각대로 로봇이 움직였을 때의 그 만족감! 이런 달콤한 성공의 순간들을 상상하며 험난한 고비들을 넘어가세요.

그리고 항상 목표를 잊지 않기를 바랍니다. 로봇을 만들고 싶어서 로봇공학자가 되는 거잖아요. 그러니 로봇을 완성하기 위한 과정 중에 만나게 되는 고민이나 고생, 괴로움을 너무 크게 생각하지 않았으면 좋겠어요. 돈이나 취업 같은 문제도 여기에 포함되고요.

좋아하는 사람은 즐기는 사람을 이길 수 없다고 하잖아요. 로봇을 만드는 모든 과정을 즐기는 로봇공학자가 되기를 바랍니다.

▌ 2015 다르파 대회에 함께 참가했던 동료들.

❝로봇 윤리(Robot Ethics)란?❞

왜 로봇에게 윤리가 필요할까?

10년 안에 로봇이 대중화될 것이라고 내다보는 많은 전문가들은 이제는 로봇의 윤리에 대해 말해야 한다고 입을 모은다. 우리가 사용해야 할 로봇이 과거와는 달라질 것이기 때문이다.

이제 로봇은 공장에서 단순한 노동만 반복하는 것이 아니라 인간의 곁에서 인간과 함께 소통하고 행동해야 한다. 그런데 이렇게 인간과 소통하는 모든 과정에는 반드시 다양한 감정이 동반되고 있기 때문에 윤리적인 판단이 뒤따르기 마련이다.

예를 들어 두 사람이 동시에 물을 달라고 하는 상황에서 로봇은 누구에게 먼저 줄 것인지 결정해야 한다. 누가 더 목이 마른지, 나이가 많은 사람 먼저 줘야 하는지 등 이를 로봇이 결정할 수 있을까? 그래서 관련 전문가들은 로봇이 더 발달하기 전에 로봇의 윤리에 대해서 논의하자고 말하는 것이다.

로봇 윤리에 대한 정의는 다양하지만 크게 2가지 정도로 나눌 수 있다. 첫 번째는 로봇을 설계하고 제조, 판매, 사용할 때 지켜야 할 윤리이고 두 번째는 자율성을 갖는 로봇이 지켜야 하는 기본적인 윤리이다. 첫 번째 로봇 윤리는 사실상 로봇을 만드는 사람들이 고민해야 할 부분이다. 인간의 프라이버시를 침해하지 않고 인간에게 이익을 줄 수 있는 로봇을 제작하고 판매해야 한다.

두 번째는 로봇에게 가르쳐야 할 윤리이다. 앞서 말한 것처럼 생활 속에서 맞닥뜨리게 되는 다양한 상황부터 당장 목숨을 구해야 하는 위험한 상황 그리고 전쟁터에서까지 로봇들은 매 순간 판단을 해야 한다. 그런데 단순한 기준만 가지고는 누구 먼저 구해야 하는지, 누가 진짜 적인지 판단하기 쉽지 않다. 자칫하면 잘못된 판단으로 엉뚱한 결과를 가져올 수도 있기 때문이다.

〈아이 로봇〉이라는 영화에서 주인공이 로봇을 신뢰하지 않는 이유 역시 이런 것 때문이다. 물에 빠진 자신과 여자아이 중 로봇은 남자 어른을 구했다. 그것은 생존율이 더 높았기 때문이다. 과연 사람이라면 남자 어른인 주인공을 먼저 구했을까? 윤리 개념을 장착하지 않은 로봇은 상황에 따라 그 어떤 것보다 위험해질 수 있음을 보여 준다.

오래전 시작된 고민

로봇 윤리란 단어는 '장마르코 베루지오'라는 이탈리아 로봇공학자에 의해 2002년 처음 등장했다. 그리고 2004년 이탈리아 산레모에서 '제1회 로봇 윤리 국제심포지엄'이 열리면서 '로봇 윤리(Robot Ethics)'란 단어가 학계에 정립되었다. 당시 EU 산하 유럽로봇연구네트워크(EURON)는 3년 동안 로봇 윤리 로드맵을 만드는 사업을 진행했다. 그리고 그 결과를 2007년 4월 10일 이탈리아 로마에서 열린 국제로봇자동화학회(ICRA)에서 공개했다. 우리나라 정부도 이 학회에서 다음과 같은 내용의 로봇윤리헌장을 발표했다.

1장(목표) 로봇윤리헌장의 목표는 인간과 로봇의 공존공영을 위해 인간 중심의 윤리규범을 확인하는 데 있다.

2장(인간, 로봇의 공동원칙) 인간과 로봇은 상호간 생명의 존엄성과 정보, 공학적 윤리를 지켜야 한다.

3장(인간 윤리) 인간은 로봇을 제조하고 사용할 때 항상 선한 방법으로 판단하고 결정해야 한다.

4장(로봇 윤리) 로봇은 인간의 명령에 순종하는 친구·도우미·동반자로서 인간을 다치게 해서는 안 된다.

5장(제조자 윤리) 로봇 제조자는 인간의 존엄성을 지키는 로봇을 제조하고 로봇 재활용, 정보 보호 의무를 진다.

6장(사용자 윤리) 로봇 사용자는 로봇을 인간의 친구로 존중해야 하며 불법 개조나 로봇 남용을 금한다.

7장(실행의 약속) 정부와 지자체는 헌장의 정신을 구현하기 위해 유효한 조치를 시행해야 한다.

그러나 헌장은 사회적 이해와 공감대 부족으로 학술적 권고안으로만 인정되었다. 그리고 10년이 더 흘렀지만 아직 로봇 윤리에 대한 논의는 진행 중이며, 더 많은 고민과 논쟁이 필요하다고 한다. 로봇이 대중화되기 전에, 윤리 규범을 장착하지 않은 로봇이 수많은 오류를 범하기 전에, 모두가 머리를 모아 로봇 윤리를 논해야만 로봇은 진정한 동반자로서 인간 사회에 정착하게 될 것이다.

"로봇 축제 및 전시회"

〈로보월드〉

세계 3대 로봇 전시회 중 하나로 매년 10월경에 일산 킨텍스에서 열린다. 로봇 관련 기업들의 신기술과 신제품을 모두 만나볼 수 있는 곳으로 전시 제품도 서비스용 로봇, 제조업 로봇을 비롯해 로봇 부품, 드론, 인공지능 관련 부품, 3D 프린팅, VR/AR 관련 제품까지 폭넓게 전시된다. 로봇 관련 강연도 진행되며 로봇 관련 업계의 대표자도 직접 만날 수 있는 기회가 제공된다. 전시 기간 내에 국제 로봇 콘테스트도 함께 열린다.(http://www.robotworld.or.kr)

- 일반 성인 : 10,000원 / 초중고생 : 5,000원 / 단체 관람 : 3,000원
  (단 사전에 홈페이지에서 무료 관람 신청 시 1인 1회에 한해 무료 관람 가능)
- 15세 미만은 반드시 성인과 동반 입장해야 한다.(1인 1보호자)

〈로봇융합페스티벌〉

청소년들에게 과학 체험 기회를 제공하고 로봇 문화 확산을 위해 마련한 국내 최대 융합형 로봇 축제로 대전광역시의 주최로 개최된다. 4000여 명이 참가하는 5개의 로봇 경진 대회가 개최되는 것은 물론 10개 이상의 관련 기업과 대학에서 참여하는 전시 및 체험장이 마련된다. (http://www.robotfusion.net)

• 대회
- 지능형 SoC 로봇워 대회
- 지능형 창작로봇 경연대회(CIRO)
- 이동로봇 소프트웨어 코딩 경진대회
- 융합과학(STEAM) 창작 경진대회
- 국제로봇올림피아드 한국대회

" 직업으로서 로봇공학자는 어떤가요? "

Q1

로봇공학자의 연봉은 얼마나 되나요?

한국직업정보시스템의 조사에 의하면 로봇공학자의 연봉은 3,029만 원(하위 25%)부터 5,490만 원(상위 25%)까지이며 평균 약 4,323만 원 정도로 알려져 있다. 하지만 로봇공학자의 연봉은 향후 로봇의 수요가 급격하게 증가하면서 더 높아질 것으로 보고 있다. 로봇공학자는 '10년 후에 임금이 가장 많이 오를 직종' 중 하나(한국직업능력개발원 발표)로 꼽힌다. 따라서 현재도 임금과 복리 후생이 타 직업에 비해 높은 편이지만 향후 더 좋아질 것으로 예상된다.

로봇공학자의 장점은 뭔가요?

로봇공학자의 최대 장점은 직업 전망이 매우 밝다는 점이다. 빌 게이츠는 향후 로봇이 컴퓨터의 위치를 차지할 것이라고 말한 적이 있다. 또 로봇 관련 전문가들은 10년쯤 뒤면 지금의 컴퓨터처럼 각 가정마다 로봇을 소유할 것이라고 입을 모으고 있기 때문에 그 수요는 폭발적일 것이다. 따라서 로봇공학자라는 직업 역시 매우 각광받게 될 것이 확실하다.

로봇공학자의 또 다른 장점은 수준 높은 교육이 필수인 만큼 이에 따른 임금과 보상 정도가 높은 수준을 유지할 것으로 예상된다는 점이다. 단순한 직업이 아니기 때문에 로봇공학자가 되기까지 많은 시간과 노력을 투자해야 하지만 이에 따른 금전적인 보상이 따를 것이므로 직업 만족도는 높아질 것이다.

또한 매우 창조적인 직업이기에 로봇공학자가 되면 금전적인 보상과는 비교할 수 없는 성취감을 얻을 수 있다. 프로그램을 작동시켜 로봇이 지시하는 대로 동작을 수행하거나, 완성된 로봇을 많은 사람들 앞에서 시연할 때의 즐거움은 로봇공학자가 누리는 가장 큰 기쁨이 될 것이다.

로봇공학자의 단점은 뭔가요?

로봇공학자는 물질적인 보상과 심리적인 보상이 높은 직업이기는 하지만 그만큼 스트레스가 많은 직업이기도 하다. 하나의 로봇이 완성되기까지는 막대한 예산이 투자되어야 하므로 대부분의 로봇공학자들은 자기 돈이 아니라 기업의 투자나, 정부의 지원을 받아 로봇을 개발한다. 따라서 정해진 기간 안에 이들의 기대에 부응하는 결과를 내놓아야만 하는데, 이런 기대는 커다란 스트레스로 작용하기도 한다.

또 로봇을 만드는 과정은 수많은 시행착오의 반복이다. 때문에 결과를 얻을 때까지 밤낮없이 개발에 매달려야만 한다. 정해진 근무 시간이 없다고 해도 여유 있게 일할 수 없기 때문에 정신적으로나 육체적으로 노동 강도가 상당하다.

┃ 로봇 똘망

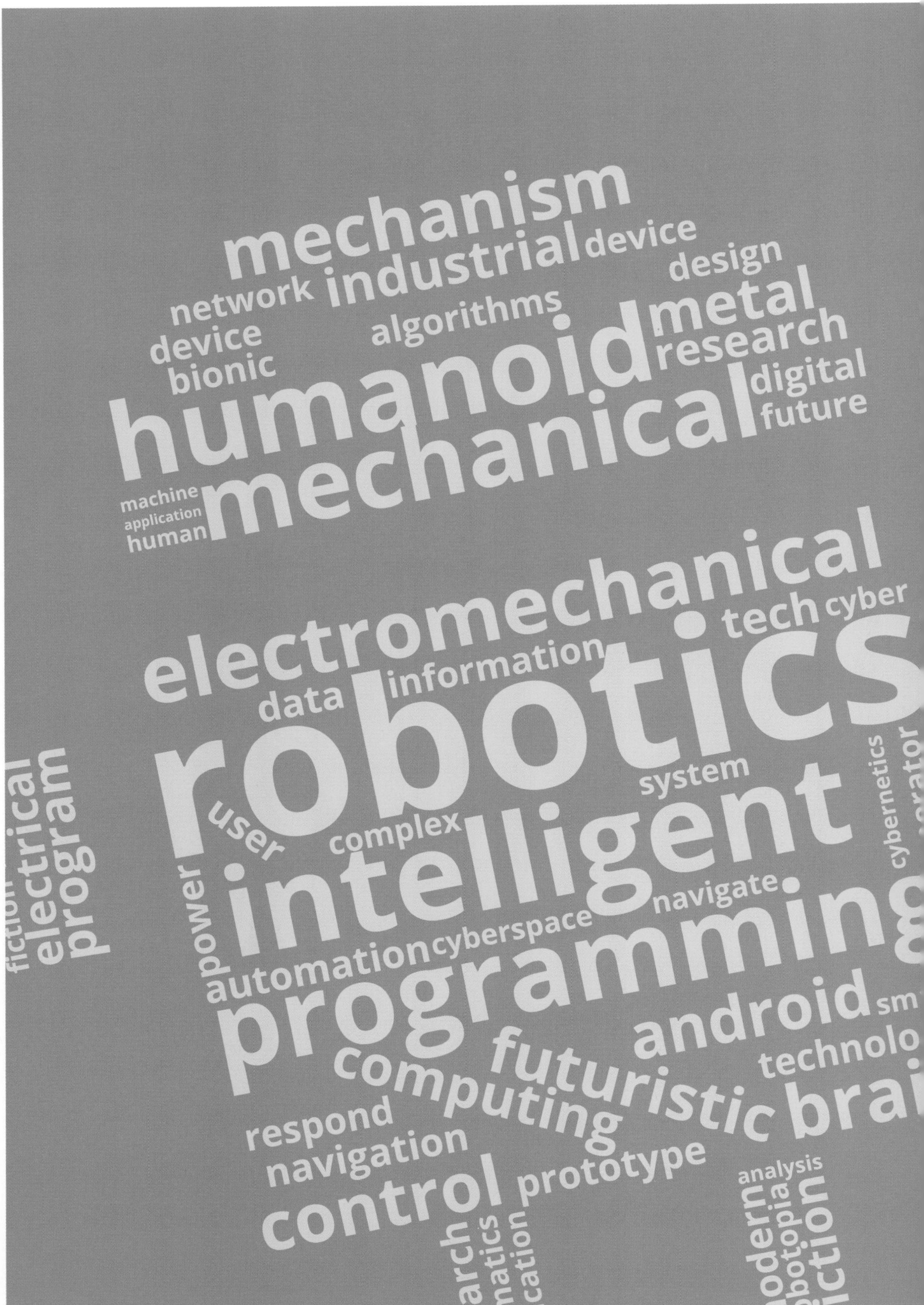
mechanism
industrial
device
design
network
algorithms
metal
device
research
bionic
humanoid
digital
future
mechanical
machine
application
human
electromechanical
tech
cyber
information
data
robotics
system
cybernetics
user
complex
intelligent
electrical
program
fiction
power
navigate
cyberspace
automation
programming
android
futuristic
computing
technolo
respond
navigation
prototype
control
analysis
modern
fiction

국내 **로봇공학자**는 아직 그 수가 많지 않지만, 우리나라의 로봇 기술은 상당히 앞서 있다. **미래지향적인 분야**인 만큼 로봇공학에 대한 관심도 높아지고 이에 따라 관련 대학과 학과도 급속히 늘어나는 중이다. 여기에서는 **로봇 개발 관련 대학과 학과 정보**, 로봇공학자에 대한 **다양한 정보**를 통해 청소년들이 직업을 선택하는 데 도움이 되고자 한다.

예비 로봇공학자를 위한 콕콕 멘토링

crure
cessor
bot
model
rinciple
virtual

로봇공학자가 되기 위한
대학 및 학과 정보

　한 대의 로봇이 완성되기 위해서는 여러 분야의 지식과 기술이 필요합니다. 로봇을 설계할 때는 기계공학적인 지식이 필요하고, 로봇을 움직이고 만드는 데는 전자, 전기회로와 제어계측 분야의 지식이 필요합니다. 여기에 로봇이 스스로 움직이도록 만들어 주는 컴퓨터 프로그래밍도 더해져야 하고, 외부 환경에 반응하거나 사람과 소통하기 위해서는 각종 센서와 네트워크 장치까지 추가로 갖춰야 합니다. 최근에는 더 똑똑한 로봇을 만들기 위해 인공지능을 탑재하는 것이 필수입니다.

　때문에 로봇은 로봇공학자 단 한 사람이 만들 수는 없습니다. 각기 다른 분야를 전공한 로봇공학자들이 적어도 3~4명 이상 한 팀이 되어야만 한 대의 로봇을 만들 수 있습니다. 따라서 로봇공학자를 꿈꾼다면 로봇을 만들기 위해 필요한 여러 분야 중 자신의 적성과 가장 잘 맞는 분야가 무엇인지부터 고민해봐야 합니다. 설계가 적성에 맞는다면 기계공학 관련 학과에 진학해야 하고, 로봇의 프로그래밍에 관심이 있다면 컴퓨터공학 관련 학과로 진학하는 것이 좋습니다.

여기서 잊지 말아야 할 것은 자신의 전공을 한 분야로 정했다 하더라도 다른 분야의 지식도 기본적으로 알아야 한다는 것입니다. 로봇을 만드는 과정은 공장과 같은 완전 분업이 아니라 협업입니다. 내가 만들 부분만 딱 완성시켜 넘겨 주는 것이 아니라 여러 명의 로봇공학자가 함께 의견을 나누고, 다른 사람의 의견을 받아들여 최선의 방법으로 로봇을 완성해 나가야 합니다. 그런데 자기 분야만 알고 다른 분야의 내용을 전혀 이해하지 못한다면 협업은 이루어지기 어렵습니다. 이런 이유로 우리나라의 많은 로봇공학자들은 대학을 졸업한 후에도 대학원과 박사과정을 밟으며 오랫동안 공부와 연구에 매진하고 있습니다.

1. 대학은 어느 학과로 진학해야 할까?

1) 기계 관련 학과

로봇의 뼈대를 설계하고 제작하는 분야에 관심이 많다면 기계공학, 기계설계 학과 등으로 진학하는 것이 좋습니다. 이들 학과에서는 로봇과 같은 기계를 실제로 만드는 데 필요한 지식과 기술을 모두 배우게 되는데 기본적으로 모든 과목이 물리를 기반으로 하고 있어 물리 과목을 잘하면 유리합니다.

- 주요 과목 : 동역학, 재료역학, 열역학, 유체역학, 기계공작법, 재료 강도학 등

2) 제어계측공학과

기계를 제어하고 계측하는 이론과 기술을 배우는 학과입니다. 공학에서 제어란 목표한 움직임과 실제 움직임에서 얻어지는 움직임을 측정해 그 사이에 생기는 오차를 줄여 주는 것을 말합니다. 예를 들어 에스컬레이터를 운행할 때는 올라타는 인원수에 상관없이 항상 일정한 속도를 유지하게 만들어 주어야 합니다. 만일 에스컬레이터에 제어 시스템이 없으면 타는 인원에 따라 무게가 달라지기 때문에 매번 속도가 달라지는 일이 발생합니다. 따라서 에스컬레이터에는 타는 인원수와 상관없이 항상 일정한 속도로 움직이게 만들어 주는 제어 시스템이 장착되어 있습니다.

이처럼 실제 기계가 움직일 때 생기는 환경적 영향력을 측정하고 조절하여 항상 정해진 패턴에 맞게 움직이도록 만드는 것이 제어계측입니다. 기계의 움직임을 제어하기 위해서는 전기, 전자공학을 기본으로 하여 관련된 여러 학문을 공부해야 합니다. 수학, 물리, 화학 등의 과목을 기반으로 하는 전공이기 때문에 이들 과목에 흥미가 높다면 제어계측공학과로 진학하는 것이 유리합니다.

- 주요 과목 : 제어계측개론, 기계공작법, 공업역학, 디지털회로, 동역학, 계측공학, 디지털제어공학 등

3) 전기전자공학과

전기로 발생하는 각종 과학적 현상을 바탕으로 전기적인 성질을 공학적으로 응용하여 새로운 기술이나 제품을 연구하고 만들어내는 학과입니다.

전기공학과는 전지 에너지에 중점을 두고 있어 발전기에서 전기를 만들어내고, 이 전기를 사용하기 알맞게 변압하는 과정을 집중적으로 배웁니다. 반면 전자공학과는 전기를 이용해 정보를 보내는 과정에 더 중점을 두는 학문입니다. 컴퓨터나 인터넷, 핸드폰과 관련된 대부분의 제품들은 전자공학을 기반으로 하고 있습니다.

호기심이 많고 응용력이 강한 사람이 전기전자공학을 공부하기에 유리하며, 높은 물리와 수학 실력을 요구합니다. 다만 물리에서는 역학보다 전자기학을 집중해서 배우기 때문에 물리 분야 중에서도 전자기학에 관심이 많은 사람이 전기·전자 쪽으로 진학하는 것이 좋습니다. 로봇을 제작할 때 회로를 설계하거나 시스템설계 등 전기신호가 흘러가는 부분에 대한 설계가 필요한데, 이런 분야에 관심이 있다면 전자공학 쪽으로 진로를 잡는 것이 좋습니다.

- 주요 과목 : 전자기학, 전자회로, 신호 및 시스템, 디지털회로설계, 프로그래밍응용, 전기전자실험, 전자회로응용. 마이크로프로세서응용 등

4) 메카트로닉스공학과

메카트로닉스란 기계공학과 전자공학의 합성어로, 실제 이 두 학과의 학문(기계, 전기, 전자, 제어계측, 정보통신, 컴퓨터 및 소프트웨어 공학 기술)을 배우는 것은 물론 이 두 학과에서 배우는 많은 학문을 창의적으로 통합한 후 이를 이용해 첨단 고성능 지능 기계 시스템을 설계, 제작하는 과정을 배웁니다. 또한, 전자제어 및 지능 프로그래밍도 함께 배웁니다.

메카트로닉스공학과는 기계에 관련된 지식뿐만 아니라 전자나, 컴퓨터 관련 학문을 모두 배우고 싶거나 이 지식들을 모두 활용해 제품을 개발하는 것에 흥미가 있는 사람이 진학하기에 적당한 학과입니다. 또는 수학, 과학 성적이 우수하고 컴퓨터 프로그래밍에 자신이 있는 학생이라면 메카트로닉스공학과로 진학하는 것도 좋은 선택입니다.

- 주요 과목 : 공업역학, 동역학, 로보틱스, 전자회로, 종합설계, 센서공학, 기계구조해석 및 설계, 제어공학, 전기회로 비주얼프로그래밍 등

5) 로봇학과

로봇학과는 최근에 생긴 학과로, 다양한 학과에서 배우던 학문을 통합하여 배울 수 있게 만든 학과로 로봇을 만드는 데 필요한 기초 학문과 더불어 로봇을 제작하고 운용하는 데 필요한 지식들을 배웁니다.

로봇이 여러 학문들을 응용한 결과물이 아닌 하나의 학문으로 규정하고 신설한 학과이기 때문에 로봇을 개발하는 데 필요한 지식을 체계적으로 배울 수 있는 특징이 있습니다. 산업용 로봇뿐만 아니라, 앞으로 대중화될 서비스 로봇, 재난 로봇, 국방 로봇 등 다양한 분야의 로봇들을 모두 개발할 수 있는 인재로 키우는 것이 목표인 학과입니다.

- 주요 과목 : 로봇기구학, 로봇 운동 제어, 로봇 운동과 역할, 로봇학개론, 인지로봇학, 이동 로봇 프로그래밍 실험 연구, 메카트로닉스 디자인, 마이크로 나노 로봇학 등

2. 관련 자격증

- 한국산업인력공단에서 주관하는 자격증
  기계설계산업기사·기계설계기사, 메카트로닉스기사, 건설기계설비산
  업기사·건설기계설비기사, 컴퓨터응용가공산업기사, 정보통신산업기
  사·정보통신기사, 전기산업기사·전기기사, 전자기사, 무선설비산업기
  사·무선설비기사, 생산자동화산업기사 등
- (사)한국정보통신자격협회에서 주관하는 지능형로봇 자격증(1~3급), 모
  바일로보틱스 자격증(1~3급)
- 한국로봇자격 검정사업단의 로봇마스터 자격증(S,1~3급), (사)제어로봇
  시스템학회에서 주관하는 로봇기술자격증(1~4급, 현재 중단된 상태이나
  곧 재시행 예정임.)

3. 로봇 고등학교

현재 우리나라에는 3개의 로봇 고등학교(서울로봇고등학교, 조일고등학교, 경남로봇고등학교)가 있습니다. 로봇 고등학교는 일반 고등학교와 달리 국어, 수학, 영어와 같은 기본 교과의 비중이 낮고 대신 로봇 관련 교과의 비중이 높습니다. 보통 1~2학년 때는 로봇에 관한 기초 과목을 배우고, 3학년이 되면 로봇에 대한 심화 과목을 배웁니다. 현장에서 일하고 있는 전문가를 초빙하여 직접 배워보고, 방과 후 동아리나 대회 참여도 학교에

서 적극적으로 지원하고 있어 로봇에 대해 전문적으로 배울 수 있습니다.

로봇 고등학교를 졸업하면 대기업, 공기업, 연구원, 부사관 등으로 취업하는데, 산업체에서 원하는 기술과 지식이 교과과정에 반영되어 있기 때문에 취업률이 상당히 높습니다. 흔히 대학 졸업장이 없기 때문에 취업 후 단순한 업무만 할 것이라고 오해도 하지만, 대기업 취업 시 대학 졸업자들과 같이 연구 개발직으로 투입됩니다.

로봇 고등학교 자체가 진학보다는 취업을 목표로 하고 있기는 하지만 모든 학생들이 취업을 하는 것은 아닙니다. 본인이 원할 경우 대학 진학이 가능하며, 특성화고 혜택으로 수시만으로도 진학이 가능합니다.

학교 3군데 중 취업률이 가장 높은 곳은 서울로봇고등학교로 93%의 취업률을 자랑하고 있습니다. 취업하는 곳도 삼성전자, 원자력 발전소 등 모두가 가고 싶어 하는 대기업이 다수입니다. 서울로봇고등학교에는 정규 수업 외에도 방과 후 과정에 로봇 제작 심화 수업이 있으며, 동아리 활동을 통해서는 각종 대회를 준비하기 때문에 수상 경력을 쌓기에 유리합니다. 서울로봇고등학교는 기숙사도 마련되어 있습니다. 모두 150명 수용 가능하며 지방 학생들이 1순위로 배정되기 때문에 서울에 사는 학생이 아니라도 안심하고 지원할 수 있습니다.

〈홈페이지〉
· 서울로봇고등학교 www.seoulrobot.hs.kr
· 조일고등학교 www.choil.hs.kr
· 경남로봇고등학교 www.gr.hs.kr

4. 관련학과가 있는 대학교

관련 학문	대학 명	전공 명
기계공학 관련	강원대학교(삼척캠퍼스)	기계공학과
	건국대학교(서울캠퍼스)	기계공학부
	경남대학교	기계공학부
	경북대학교	기계공학부
	고려대학교(서울캠퍼스)	기계공학부
	국민대학교	기계공학부
	동아대학교(승학캠퍼스)	기계공학과
	동의과학대학교	기계계열
	동의대학교(가야캠퍼스)	기계공학전공
	명지대학교(자연캠퍼스)	기계공학과
	부경대학교	기계공학과
	부산대학교(부산캠퍼스)	기계공학부
	서강대학교	기계공학전공
	서울과학기술대학교	기계자동차공학과
	서울대학교	기계항공공학부
	서울시립대학교	기계정보공학과
	성균관대학교(자연과학캠퍼스)	기계공학부
	세종대학교	기계공학전공
	숭실대학교	기계공학부
	연세대학교(신촌캠퍼스)	기계공학부
	인천대학교(송도캠퍼스)	기계공학과
	인하대학교	기계공학과
	전남대학교	기계공학부
	중앙대학교(서울캠퍼스)	기계공학부
	창원대학교	기계공학부
	충남대학교	기계공학부

관련 학문	대학 명	전공 명
기계공학 관련	충북대학교	기계공학부
	포항공과대학교	기계공학과
	카이스트(대덕캠퍼스)	기계공학과
	한국해양대학교	기계공학부
	한성대학교	기계시스템공학과
	한양대학교(서울캠퍼스)	기계공학부
	호서대학교	기계공학부
	홍익대학교(서울캠퍼스)	기계·시스템디자인공학과
제어계측공학 관련	강원대학교(삼척캠퍼스)	제어계측공학전공
	경상대학교(가좌캠퍼스)	제어계측공학과
	고려대학교(세종캠퍼스)	전자·기계융합공학과
	공주대학교(공주캠퍼스)	제어계측공학전공
	광운대학교	정보제어전공
	부경대학교	제어계측공학과
	창원대학교	제어계측공학전공
	한국외국어대학교(글로벌캠퍼스)	컴퓨터·전자시스템공학부
	한국해양대학교	제어자동화공학부
	한밭대학교	전자·제어공학과
	호서대학교(아산캠퍼스)	디지털제어공학전공
전자공학 관련	건국대학교(서울캠퍼스)	전기전자공학부
	경북대학교	전자공학부
	경상대학교(가좌캠퍼스)	전자공학과
	경성대학교	전자공학과
	고려대학교(서울캠퍼스)	전기전자공학부
	광운대학교	전자공학과
	국민대학교	전자공학부
	대구가톨릭대학교(효성캠퍼스)	전자공학전공
	동아대학교(승학캠퍼스)	전자공학과
	동의과학대학교	전기과, 전자통신과

관련 학문	대학 명	전공 명
전자공학 관련	동의대학교	전기전자통신공학부
	명지대학교(자연캠퍼스)	전자공학과
	목원대학교	전자공학과
	배재대학교	전자공학과
	부산대학교(부산캠퍼스)	전자공학과
	서강대학교	전자공학전공
	서울대학교	전기 · 정보공학부
	성균관대학교(자연과학캠퍼스)	전자전기공학부
	세종대학교	전자정보통신공학과
	숭실대학교	전기공학부
	연세대학교(신촌캠퍼스)	전기전자공학부
	이화여자대학교	전자전기공학전공
	인천대학교(송도캠퍼스)	전자공학과
	인하대학교	전자공학과
	중앙대학교(서울캠퍼스)	전자전기공학부
	충남대학교	전자공학과
	포항공과대학교	전자전기공학과
	한국외국어대학교(글로벌캠퍼스)	전자공학과
	한양대학교(서울캠퍼스)	융합전자공학부
	홍익대학교(서울캠퍼스)	전자전기공학부
메카트로닉스공학 관련	강원대학교(삼척캠퍼스)	메카트로닉스공학과
	경성대학교	메카트로닉스전공
	대구가톨릭대학교(효성캠퍼스)	첨단건설기계시스템전공
	동명대학교	메카트로닉스공학과
	동서대학교	메카트로닉스융합공학부
	부산대학교(부산캠퍼스)	나노메카트로닉스공학과/ 광메카트로닉스공학과
	성균관대학교(자연과학캠퍼스)	바이오메카트로닉스학과
	인제대학교(김해캠퍼스)	메카트로닉스공학과

관련 학문	대학 명	전공 명
메카트로닉스공학 관련	인천대학교(송도캠퍼스)	메카트로닉스공학과
	제주대학교(아라캠퍼스)	메카트로닉스공학전공
	조선대학교	메카트로닉스공학과
	창원대학교	메카트로닉스대학
	충남대학교	메카트로닉스공학과
	한국기술교육대학교	메카트로닉스공학부
	한국산업기술대학교	메카트로닉스공학과
	한국폴리텍대학	메카트로닉스
	한밭대학교	메카트로닉스공학과
로봇학과 관련	경북대학교	로봇공학전공
	광운대학교	로봇학부
	국립목포대학교	제어로봇공학과
	군산대학교	IT 정보제어공학부 정보제어공학전공
	동국대학교(서울캠퍼스)	기계로봇에너지공학과
	동명대학교	로봇시스템공학과
	동의대학교(가야캠퍼스)	로봇자동화공학전공
	목원대학교	지능로봇공학과
	배재대학교	드론 · 로봇공학과
	조선대학교	제어계측로봇공학과
	한양대학교(ERICA캠퍼스)	로봇공학과
	호서대학교(아산캠퍼스)	로봇자동화공학과

로봇공학자에 적합한
성격과 가치관

1. 로봇공학자에 적합한 성격

한국직업정보시스템의 자료에 의하면 로봇공학자에 적합한 성격은 중요도(최대 100)에 따라 열 가지로 분류됩니다. 그 열 가지 항목은 혁신, 분석적 사고, 독립성, 인내, 꼼꼼함, 협조, 신뢰성, 사회성, 자기통제, 타인에 대한 배려입니다. 여기서 눈여겨봐야 할 점은 중요도가 가장 높은 성격이 혁신이라는 점입니다. 기계를 만들기 때문에 분석적 사고나 꼼꼼함이 가장 중요할 것이라고 생각할 수 있지만, 혁신이 가장 중요한 이유는 로봇이 단순한 기계가 아니기 때문입니다. 로봇은 '기술과 상상의 하모니'라고도 표현하는 것처럼 로봇을 제작하기 위해서는 상당한 창의력이 필요합니다. 기존에 존재하지 않았던 새로운 기계를 만드는 것이고 이 기계가 인간에게 보다 유용하게 쓰이도록 제작하기 위해서는 늘 새로운 생각이 필요하기 때문입니다.

또한 로봇 제작은 한 가지 기술만으로 만들 수 없고 다른 분야의 공학자들과 협업을 해야 하기 때문에 엔지니어이지만 협조, 사회성, 타인에 대한 배려도 중요한 성격으로 여겨집니다.

중요도	직업 가치관	설명
87	혁신	새로운 아이디어를 산출하거나 어떤 문제를 해결하기 위해 기발한 아이디어나 대안을 생각해낸다.
78	분석적 사고	문제에 대한 답을 구하기 위해 정보를 분석하거나 논리를 사용한다.
77	독립성	자신의 방식대로 일하는 방법을 개발하며 관리 감독이 없어도 스스로 일하는 방향을 설정하고 타인에게 의지하지 않는다.
69	인내	장애가 있어도 포기하지 않고 계속 참고 견딘다.
66	꼼꼼함	사소한 부분까지도 주의 깊고 업무를 철저히 완수한다.
65	협조	다른 사람들과 즐거운 관계를 유지하며 협조적인 태도를 보인다.
58	신뢰성	믿을 수 있고, 자신이 맡은 책무를 완수한다.
57	사회성	혼자 일하기보다는 사람들과 일하는 것을 좋아하며 타인과 개인적인 유대 관계를 형성한다.
54	자기통제	매우 어려운 상황에서도 공격적인 행동을 보이지 않고 분노를 통제하며 심리적 평정을 유지한다.
53	타인에 대한 배려	다른 사람들의 욕구나 느낌에 민감하며 타인을 이해하고 도와주려 한다.

※ 중요도(최대 100) 순, 한국직업정보시스템(WORKNET) 자료 참조

2. 홀랜드의 직업 흥미 이론으로 본 로봇공학자

홀랜드(John L, Holland)는 직업 흥미 이론의 창시자로 존스홉킨스대학교에 재직했던 미국의 심리학자입니다. 그는 '흥미가 진로 결정에 큰 영향을 미친다.'는 전제하에 직업의 적성을 '실제형(현실형)', '탐구형', '예술형', '사회형', '진취형(기업형)', '사무형(관습형)' 이렇게 총 여섯 가지 유형으로 분류했습니다.

실제형(R)은 솔직하고 성실하고 검소하며 몸을 움직여 활동하는 성격을 지니고 있습니다. 소박하고 말이 적으며 기계를 다루는 데 적합합니다.

탐구형(I)은 탐구심이 많고 논리적·분석적·합리적 성격을 지니고 있습니다. 지적 호기심이 많아 수학과 과학에 적성을 보입니다.

예술형(A)은 상상력과 감수성이 풍부하며, 자유분방하고 개방적인 성격을 지니고 있습니다. 예술에 소질이 있고, 창의적인 것을 창출해내는 재능이 있습니다.

사회형(S)은 다른 사람에게 친절하고 이해심이 많으며, 남을 도와주려는 경향이 높고, 봉사하고자 하는 마음이 큽니다. 대인 관계를 이끌어갈 능력이 뛰어나고 사람들이 좋아하는 성향을 지니고 있습니다.

진취형(E)은 지도력과 설득력을 가지고 있고, 열성적이고 경쟁적이며 이성적 성향이 강합니다. 외향성과 통솔력을 지니고 있으며 언어와 관련된 적성이 높습니다.

관습형(C)은 책임감이 강하고 빈틈이 없으며, 행동을 할 때 조심스러운

면을 보입니다. 계획에 따라 행동하기를 좋아하고 변화를 반기지 않습니다. 사무 능력과 계산 능력이 좋습니다.

　로봇공학자는 이 여섯 가지 흥미 유형 중에 탐구형(I)의 중요도가 89로 가장 높습니다. 이는 로봇이 한 치의 오차도 허용하지 않는 정교한 기계이기 때문입니다. 그 다음으로 실제형(R)의 중요도가 높은 이유도 같다고 할 수 있습니다. 반면 기계를 다루는 엔지니어이기에 사회형(S)이 가장 낮기는 하지만 로봇공학자는 보통의 엔지니어와 다르므로 사회성을 키우도록 노력하는 것이 좋습니다.

3. 로봇공학자의 직업 가치관

　로봇공학자의 직업 가치관을 중요도(최대 100) 순으로 배열하면 다음 표와 같습니다.

중요도	직업 가치관	설명
92	타인에 대한 영향	타인에 대해 영향력을 발휘할 수 있다.
83	애국	국가를 위해 도움이 될 수 있다.
76	신체 활동	업무 시 신체 활동을 많이 하지 않아도 된다.
75	자율	자율적으로 업무를 해 나갈 수 있다.
75	심신의 안녕	심신의 여유를 가질 수 있다.
63	성취	자신이 스스로 목표를 세우고 달성할 수 있다.

50	고용 안정	고용이 안정되어 있어서 정년까지 일할 수 있다.
29	다양성	업무가 정형화되지 않고 변화가 많다.
23	지적 추구	새로운 지식을 얻을 수 있다.
22	개인 지향	여러 사람들과 어울려 일하기보다는 혼자 일할 수 있다.
21	경제적 보상	금전적 보상이 충분하다.
17	인정	타인에게 인정받을 수 있다.
9	이타	남을 위해 봉사할 수 있다.

※ 중요도(최대 100) 순, 한국직업정보시스템(WORKNET) 자료 참조

　　로봇공학자의 직업 가치관에서 중요도가 가장 높은 항목은 '타인에 대한 영향'입니다. 이는 로봇공학자의 사회적 가치가 매우 크다는 것을 의미합니다. 현재 로봇 산업은 이제 막 발걸음을 뗀 상태입니다. 앞으로 로봇 산업은 점점 더 발전해 나갈 것이고 로봇은 대중화될 것입니다. 로봇의 대중화는 단순히 전자제품이 유행하는 것과는 차원이 다른 변화를 가져올 것입니다. 우리의 삶을 완전히 바꿔 놓을 것이 분명하지요. 이런 로봇을 만드는 일은 사람들의 삶, 우리 사회의 변화를 주도하는 데 기여하는 일입니다. 두 번째로 중요도가 높은 항목이 '애국'인 것은 우리나라의 로봇 산업이 세계 무대에서 우위를 차지하도록 만드는 일 역시 매우 중요하기 때문입니다.

로봇공학자가 되기 위해 갖춰야 할 능력은?

1. 세상에 없는 것을 만들자, 창의력

로봇이란 말 자체도 본래 세상에 없던 것입니다. 어느 날 사람들의 상상력에 의해 소설 속에 등장하면서 로봇이란 말이 생겨났고, 로봇은 사람들의 뛰어난 상상력이 덧입혀져 다양한 형태의 이미지로 발전되어 왔습니다. 마침내 이제 로봇은 과학자들에 의해 현실이 되어 세계 곳곳에서 사람처럼 걷고, 사람의 말을 알아들으며, 특정 분야에서는 사람보다 더 뛰어난 능력을 선보이게 되었습니다.

이렇게 우리를 놀라게 하는 로봇은 사실 초보 단계일 뿐입니다. 앞으로 로봇은 우리의 상상력을 뛰어넘어 발전해 나갈 것입니다. 생각지도 못했던 기능을 갖추고, 색다른 형태를 지닌 로봇들이 셀 수 없이 많이 만들어질 것입니다. 따라서 이런 로봇을 만드는 공학자가 되기 위해 갖추어야 할 첫 번째는 바로 창의력입니다.

기존의 로봇을 토대로 더 발전시키는 그 무엇, 기존의 것을 더 편리하게 만드는 작은 아이디어, 자신의 기능을 더 잘 수행할 수 있도록 만드는 반짝이는 생각들은 모두 늘 생각하고 고민하는 로봇공학자의 창의력에서 탄생하기 때문입니다.

비단 로봇의 형태나 기능에서만 창의성을 발휘해야 하는 것은 아닙니다. 로봇 제작 과정에서도 창의성은 중요한 요소입니다. 부품을 결합하는 방식이나 기존의 부품이 아닌 새로운 재료를 이용하려는 노력 역시 창의성이 필요한 부분입니다. 이러한 노력은 같은 기능이라도 제작 비용과 효율성을 획기적으로 높일 수도 있습니다.

2. 만들지 않으면 결과도 없다, 행동력

'구슬이 서 말이라도 꿰어야 보배'라는 옛말은 로봇 개발에도 적용됩니다. 아무리 훌륭한 아이디어를 가지고 있다 해도 실제로 만들지 않으면 아무 의미가 없으니 말입니다. 로봇은 기계입니다. 따라서 설계도만 가지고는 이 로봇이 제대로 작동하는지, 설계자가 원하는 만큼 움직일 수 있는지, 알 수 없습니다. 그리고 제작 과정이나 수행 단계에서 발생할 수 있는 온갖 오류와 실수들도 예측하기 어렵습니다. 따라서 로봇을 개발하는 사람은 자신의 생각을 실행하는 행동력이 필요합니다.

여기에 부지런함까지 갖추면 더할 나위 없습니다. 로봇을 개발하는 과정은 마라톤과 비슷합니다. 설계부터 완성품을 만들어내기까지 짧게는 1년, 길게는 3년 이상 걸리기도 합니다. 게다가 그 어느 과정도 쉽지 않기 때문에 매 순간 집중하고, 노력해야 합니다. 마라톤 선수가 골인할 때까지 끊임없이 달리는 것처럼 로봇 개발자 역시 계속해서 고민하고, 아이디어를 내고, 이를 행동으로 옮겨 결과물을 만들어내야 합니다. 어느 한 순간도 게으름을 피워서는 결과물을 얻기 쉽지 않다는 말입니다.

로봇공학자를 꿈꾼다면 새로운 아이디어를 정비한 후 거침없이 실행해야 하며, 개미처럼 노력하고 또 노력해야 할 것입니다.

3. 문제를 해결하는 분석력과 논리력

로봇을 만드는 과정은 수많은 시행착오의 반복입니다. 현재는 설계 프로그램 자체에서 가동되는 시뮬레이션을 통해 시행착오 과정을 많이 줄이기는 하지만 여전히 로봇을 실제로 제작해보면 전혀 예상하지 못했던 문제점들이 발생합니다. 이런 문제점들을 해결하기 위해서는 하나하나 짚어가며 문제를 찾아가고, 이를 해결해 나가야 합니다. 이때 가장 필요한 능력이 분석력과 논리력입니다.

무엇이 문제인지, 어떤 부분이 잘못되었는지 정확하게 분석하고, 이것을 개선하기 위해서는 어떤 기술이 필요한지 논리적으로 생각해내야 하는 것입니다. 마구잡이식으로 문제를 찾아서는 잘못된 부분을 제대로 찾아낼 수도 없을 뿐더러, 논리적인 전개 없이는 문제를 해결하기도 어렵습니다.

모든 기계들은 단 1퍼센트의 실수나 오차를 허용하지 않습니다. 퍼즐 조각처럼 모든 것이 완벽하게 들어맞아야 설계도대로 돌아가게 됩니다. 따라서 설계가 끝나면 부지런히 만들어 잘 작동하는지 확인해야 하고, 만일 문제가 있다면 문제점을 하나하나 찾아 수정하고 작동시키기를 반복해야 합니다.

4. 대중의 요구를 읽는 날카로운 눈

로봇은 장식품이 아닙니다. 우리가 쓰고 있는 수많은 전자제품처럼 인간의 편리함을 위해 개발되는 기계입니다. 로봇공학자라면 반드시 이 로봇이 사람들에게 정말 필요한지 고민해봐야 한다는 이야기입니다. 자기 만족을 위해 로봇을 만드는 것이 아니라, 모든 사람들이 만족할 로봇을 만들어야 한다는 뜻이지요.

이런 의미에서 로봇공학자는 연구실에서 로봇을 잘 만드는 일 외에도 대중의 욕구를 제대로 읽어내는 눈이 필요합니다. 앞으로 로봇이 대중화된다면 이런 능력은 더욱 절실해집니다. 수많은 로봇들이 쏟아져 나오는 상황 속에서 아무리 훌륭한 로봇이라 해도 사람들에게 쓸모없다면 그 로봇의 가치는 낮을 수밖에 없을 테니 말입니다.

또한 상업적인 로봇을 개발한다면 가격적인 면도 고려할 줄 알아야 합니다. 고가의 로봇을 살 수 있는 사람은 생각처럼 많지 않을 것이기 때문입니다.

로봇공학자가 되어 로봇을 개발할 때는 과연 이 로봇의 쓰임새가 무엇인지, 사람들에게 얼마나 쓸모 있을지, 실제 사람들이 구매할 로봇인지를 고려해야 합니다. 꼭 필요한 로봇을 잘 만들기 위해서는 끊임없이 사회의 변화와 대중의 요구를 읽어낼 수 있는 노력이 필요합니다.

5. 절대 멈추지 않는 끈기와 열정

지금 우리가 즐겨 사용하는 많은 제품 중에 그 어느 것도 하루아침에 만들어진 것은 없습니다. 연구자의 셀 수 없는 실패와 노력이 더해져 탄생한 것이지요. 대부분의 사람들에게 없어서는 안 될 물건인 스마트폰이 오늘날과 같이 다양한 기능을 갖추기까지는 수많은 연구자들의 시행착오가 있었기 때문입니다. 이것은 로봇에게도 똑같이 적용됩니다.

남들과 다른 로봇, 지금까지 없던 기능을 장착할 로봇을 개발할 목적이라면 대단한 열정과 끈기는 필수입니다. 성공할 때까지 계속 도전하겠다는 각오로 끊임없이 파고드는 노력이 있어야만 비로소 누구에게나 인정받고, 박수받는 로봇을 완성해낼 수 있습니다.

6. 그 밖의 능력

로봇공학자가 되기 위해서는 위의 5가지 능력 외에도 관찰력, 의사소통 능력 등이 중요합니다. 관찰력은 모든 사물을 세밀하게 뜯어보는 능력으로 인간과 닮은 휴머노이드를 만들고 싶다면 더욱 중요합니다. 휴머노이드는 가장 인간과 유사한 형태로 개발될 것이고, 인간과 유사한 로봇을 만들기 위해서는 모방 대상이 되는 인간을 관찰하는 과정을 반드시 거쳐야 하기 때문입니다.

　의사소통 능력이 중요한 것은 로봇 제작 과정이 협업으로 이루어지기 때문입니다. 설계, 제작, 프로그래밍 등 다양한 공학 분야의 전문가들과 의사소통을 잘해야 하는 것은 물론, 디자이너, 심리학자, 인지 과학자 등 다양한 분야의 전문가들과 소통도 중요합니다.

10년 후 직업 전망

1. 4차 산업혁명이 다가온다!

최근 과학기술계에 가장 많이 등장하는 말은 '4차 산업혁명'입니다. 산업혁명이란 한 사회의 문화는 물론이고 경제, 정치 등 거의 모든 분야의 흐름을 바꿔 놓을 만큼 새롭고 혁신적인 과학기술의 등장을 의미하는 것으로 지금까지 인류는 총 3번의 산업혁명을 겪었습니다.

1차 산업혁명은 1700년대에 영국에서 시작되었습니다. 제임스 와트가 개량한 증기기관을 이용하며 면직물의 대량 생산이 시작되었는데, 이것이 1차 산업혁명의 출발점입니다. 와트의 증기기관은 열차에도 적용되어 증기기관차가 만들어졌습니다. 이것을 계기로 공장에서 대량 생산된 물건들은 증기 열차에 실려 먼 곳으로 팔려 나갔습니다. 결국 증기기관의 개발이 전 세계의 산업 구조를 바꾸어 놓은 것입니다.

2차 산업혁명은 기술의 혁신으로 기존 산업을 크게 바꾸거나 자동차 산업 전기·통신 산업, 염료 산업 등 새로운 산업을 만들어낸 것을 말하고,

3차 산업혁명은 컴퓨터의 발명과 인터넷 발달로 제품의 생산 유통, 관리 과정이 모두 자동화되어 노동력 감소 및 자동화 기기 대체로 이어진 변화를 말합니다.

이제 우리는 4차 산업혁명을 앞두고 있다고 합니다. 4차 산업혁명은 단순히 물건이 만들어지고 팔리는 과정이 자동화되는 것이 아니라, 물건 자체가 지능화되는 것입니다. 보관된 재료들을 날짜별로 선별해서 관리해 주는 냉장고처럼 말입니다. 4차 산업혁명은 냉장고 같은 물건에만 적용되는 것이 아니라 우리 생활 전체에 적용될 예정입니다. 사람의 움직임을 감지해 불이 켜지고, 웨어러블 기기로 심박수와 혈압을 체크해 건강을 관리해 줄 것입니다. 로봇은 이런 4차 산업혁명의 핵심 기술로 꼽힙니다.

2. 1가정 1로봇 시대

많은 로봇학자들은 10년 후에 각 가정마다 로봇이 한 대씩 생길 것이라 예측하고 있습니다. 개인 비서 로봇은 출근 시간을 알려 주는 것은 물론이고, 시간에 맞추어 자율 주행 택시를 예약해 주고, 오늘 하루의 일정과 날씨까지 알려 줄 것이고, 집안일을 대신하는 로봇은 청소는 물론 빨래와 매끼 식사까지 챙기게 될 것이라 내다보고 있지요.

영화에서나 보는 이야기처럼 들리지만 스마트폰의 보급 속도를 보면 이는 결코 허황된 이야기가 아닙니다. 2000년에 보급되기 시작한 스마트폰은 불과 9년 만에 전성기를 맞았으며, 현재는 스마트폰이 없는 사람을 찾는 것이 더 어려울 만큼 일상용품이 되었습니다.

물론 지금은 누구나 로봇을 갖는다는 것이 쉽사리 믿기지 않을 이야기입니다. 하지만 로봇은 이미 우리에게 조금씩 다가오고 있습니다. 벌써 로봇 청소기는 상당히 많이 보급되었고, 일본에서 생산되고 있는 페퍼는 3년간 대여하는 데 1만 달러 정도의 저가로 보급되고 있습니다.

이 모든 것을 고려해봤을 때 로봇 산업의 전망은 그 어느 때보다도 밝습니다. 로봇이 상용화되면서 대량 생산이 가능해지면 로봇 관련 산업은 폭발적으로 성장할 것이기 때문입니다. 로봇이 대량으로 만들어지는 것은 물론, 도우미 로봇, 군사 로봇, 실버 로봇, 재난 로봇 등 다양한 로봇들이 개발될 것이며 지금은 상상조차 하지 못하는 로봇들이 개발되기도 할 것입니다. 또 같은 도우미 로봇이라도 특성화된 기능이 탑재된 로봇들이 개발될 것입니다.

그리고 이 많고 다양한 로봇들을 개발하려면 반드시 수많은 로봇공학자가 필요할 것입니다. 고용이 증대되는 것은 물론이고 로봇 공연 기획자나 로봇 디자이너, 로봇 심리학자와 같이 지금은 없는 로봇 관련 일자리도 필연적으로 많아질 게 분명합니다.

로봇과 관련된
다양한 직업 엿보기

1. 로봇 공연 기획자

로봇을 이용한 각종 공연을 기획하는 것으로 시작해, 실제 공연이 이루어지기까지 모든 과정을 진행하는 직업입니다. 크게 기획, 제작, 수정, 현장 리허설 및 실제 공연 등 5가지 업무를 수행하지만 사람의 공연과 비슷해도 로봇을 이용하기 때문에 로봇에 대한 이해가 필수적입니다.

로봇과 사람은 움직임이 차이가 있어서 로봇은 사람이 할 수 없는 동작도 가능하지만, 사람처럼 할 수 없는 동작도 있습니다. 이런 점을 충분히 인지하고 공연의 내용을 기획해야 하며 수준 높은 공연을 위해 다양한 움직임을 보여 줄 수 있도록 연습하고 제어할 수 있는 능력을 갖추어야 합니다.

로봇 공연 기획자가 되기 위해서는 애니메이션 공연 예술, 미디어 아트, 컴퓨터공학, 로봇 관련학을 전공하는 것이 좋으나 반드시 그럴 필요는 없습니다. 로봇에 대한 충분한 이해와 이를 이용할 수 있는 창의적인 기획 능력을 갖춘 사람이면 누구나 도전할 수 있는 직업입니다.

현재 로봇 공연은 몇몇 과학관이나 관련 박람회 등에서 열리고 있으며 음악에 맞춰 춤을 추는 정도입니다. 사람처럼 춤추고 노래하는 로봇 개발은 초기부터 활발하게 진행되어 왔습니다. 2003년 한국생산기술연구원은 '에버'라는 연예인 로봇을 개발하였습니다. 에버는 한국어와 영어로 대화가 가능하며 연극, 판소리도 할 수 있는 기능을 갖추고 있습니다. 2009년 진화된 에버는 관절이 62개나 있어서 움직임이 다양해졌고, 기쁨과 슬픔 등 12가지 얼굴 표정을 지을 수 있습니다.

일본 도쿄 대학교 IRT 연구소가 개발한 소녀 로봇 '디바봇'은 사람들과 어울려 노래와 춤 실력을 뽐냈습니다. 2016년 7월, 독일에서는 '미온'이라는 오페라 로봇이 주인공인 오페라 공연이 화제가 되기도 했습니다.

로봇 공연은 사람이 할 수 없는 것을 보여 줄 수 있기 때문에 기획자의 상상력을 마음껏 펼칠 수 있습니다. 사람 못지않은 재능을 가진 로봇들이 계속해서 개발되고 있는 만큼 로봇 공연 시장이 빠르게 확장될 것입니다.

2. 실버 로봇 서비스 기획자

많은 로봇공학자들은 로봇이 다양한 서비스 분야에서 사람의 역할을 대신할 것으로 내다보고 있습니다. 그중 주목하고 있는 로봇이 바로 실버 로봇입니다. 실버 로봇이란 나이가 들어 몸이 불편해지거나, 혼자 사는 어르신들을 도와주도록 특화된 로봇입니다. 연세가 많은 어르신을 상대하는 만큼 그에 알맞은 서비스를 제공할 수 있는 프로그램을 갖추어야 합니다.

나이가 들면 아무래도 젊은 사람들보다 기계 조작이 능숙하지 않기 때문에 쉽게 다룰 수 있도록 제작되어야 합니다.

실버 로봇 서비스 기획자는 노인들에게 반드시 필요한 다양한 콘텐츠(의료 정보, 문화 정보, 교육 정보, 엔터테인먼트 등)를 선별하고, 노인들이 쉽게 다가갈 수 있도록 기획하는 일을 합니다. 그리고 각 콘텐츠가 실제 로봇을 통해 제공될 때 어르신들이 쉽게 로봇을 이용할 수 있도록 보다 쉽고 간단하게 기획하는 일까지 맡아야 합니다.

일반적인 웹 기획자가 하는 일과 크게 다르지 않지만 어르신들에게 꼭 맞는 서비스를 끌어내야 한다는 점이 차별점입니다. 특별한 전공이 요구되지는 않지만 노인 복지 관련 전공이거나 소프트웨어 콘텐츠학을 전공하면 보다 유리하게 일할 수 있을 것입니다.

일하는 동안에도 실버 시장이나 로봇의 발전 상태를 알 수 있는 세미나, 전시회, 포럼 등을 찾아다니면서 끊임없이 배우는 자세를 견지해야 합니다.

실버 로봇 서비스 기획자는 실버 로봇을 제작하는 업체나 소프트웨어를 제공하는 솔루션 회사에서도 일할 수 있을 것입니다.

의학의 발달로 수명은 점차 늘어나고 있어서 실버 로봇의 수요는 점점 더 늘어날 것으로 추정하고 있기 때문에 사회 복지에 관심에 있는 사람이라면 도전해볼 만한 직업입니다.

3. 로봇 감성 인지 연구원

많은 로봇학자들은 로봇이 대중화되면 단순한 기계를 넘어서 사회적 동료 또는 친구의 역할을 하게 될 것이라고 내다보고 있습니다. 따라서 업무를 수행하는 기계적인 능력과 더불어 사람의 감정을 이해하고 이에 반응할 수 있도록 로봇을 개발하는 데도 초점을 맞추고 있습니다.

로봇 감성 인지 연구원은 이런 개발 방향에 맞게 로봇이 세세한 인간의 감정을 알아챌 수 있는 기술을 개발하는 직업입니다. 로봇이 인간의 감정을 읽어내기 위해서는 먼저 사람의 감정 변화를 수치로 표준화하는 작업이 우선되어야 합니다. 로봇은 사람처럼 남의 감정을 눈치챌 수 없어 미묘한 표정이나 심장 박동의 변화, 눈동자의 움직임을 이용해 사람의 감정을 읽어야만 하기 때문입니다.

로봇 감성 인지 연구원은 이렇게 감정 변화에 따라 나타나는 다양한 신체적 특징을 세심하게 읽어낼 수 있는 능력을 지닌 로봇을 만들기 위해 생체 및 감각 기술 계측과 센서, 마이크로머신, 인공지능 인터페이싱(Human-Robot Interfacing) 등을 개발 연구하는 일을 합니다. 또 섬세한 표정 변화를 읽기 위해 영상 정보를 분석하여 심리 상태를 추론해내는 능력도 개발합니다.

로봇 감성 인지 연구원은 로봇의 오감이라 부를 수 있는 각종 센서와 장치 등을 개발하는 만큼 기계공학이나 제어계측과 같은 기계적인 지식이 필수적이며 이와 더불어 인간에 대한 관심과 이해 역시 반드시 필요한 직업입니다.

4. 산업용 로봇 조작원

대중화된 로봇이 가장 많이 사용될 분야는 바로 제조업입니다. 따라서 공장과 같은 생산 현장에서 산업용 로봇을 조작하는 일을 담당하는 산업용 로봇 조작원 역시 대중화될 직업입니다.

산업용 로봇 조작원은 한국직업능력개발원이 조사한 결과에 의하면 향후 소득 수준이 가장 크게 높아질 직업 조사에서 5점 만점에 4.20을 받으며 높은 순위를 차지했습니다. 따라서 직접 로봇을 만들지는 않지만 로봇 관련 직업 중 각광받는 직업이 될 것으로 보입니다.

산업용 로봇 조작원은 이미 만들어진 로봇을 자유자재로 다루는 일이므로 기계를 다루는 데 흥미와 재능이 있어야 하며, 매뉴얼에 따라 정확하게 산업용 로봇을 조작할 수 있는 능력이 필요합니다. 구체적으로는 조작 및 통제, 작동 점검, 장비의 유지, 고장 발견, 수리, 품질관리 및 분석 능력이 필요하므로, 공업계 고등학교의 기계, 금속 관련 학과를 졸업하면 좋을 거라고 생각합니다. 로봇에 관한 전문적인 지식 역시 필요하므로 대학에서 기계 관련 학과나 제어로봇학과를 졸업하는 것도 큰 도움이 될 것입니다. 기계를 작동하는 일이므로 꼼꼼함과 세심함이 요구되는 직업입니다.

5. 로봇 윤리학자

4차 산업혁명을 앞두고 많은 과학자들과 미래학자들은 서둘러 로봇에 적용되어야 할 가치관과 윤리 등을 세워야 한다고 입을 모으고 있습니다. 지능화된 로봇이 널리 사용되게 되면 여러 가지 윤리적인 문제가 발생할 것으로 예측하기 때문입니다.

예를 들어 우리집 도우미 로봇이 이웃에 피해를 입혔다면 그 책임은 누가 져야 할까요? 그저 주인의 지시를 단순 수행한 것에 불과하다면 아무 문제가 없겠지만 인공지능 로봇이 스스로 판단하여 일을 저질렀다면 이야기는 달라집니다. 주인이라는 이유로 모든 책임을 지는 것이 억울하다고 호소하는 사람이 생겨날 테니까요. 어떤 주인은 잘못된 판단 기준을 입력한 회사 측의 책임이라고 주장할 수도 있고, 또 어떤 주인은 학습 능력이 뛰어난 인공지능 로봇이 스스로 책임져야 한다고 주장할 수도 있습니다.

이처럼 로봇이 우리 사회의 구성원으로 자리잡게 되면 지금은 예측조차 할 수 없는 다양한 상황들이 발생할 수 있고, 이런 상황을 잘 처리하기 위해서는 분명 표준화된 기준과 규범이 필요합니다.

로봇 윤리학자는 이렇게 로봇의 권리를 존중하면서 로봇에 적용할 윤리와 규범을 연구하는 일을 합니다. 우리나라에서는 2007년에 세계 최초로 로봇의 윤리를 재정하려는 시도가 있었습니다. 물론 아직 공식화되지는 않았지만 로봇의 윤리를 정하는 일은 반드시 우리가 해야만 하는 일입니다. 아직은 로봇 윤리학자라는 직업이 생기지 않았지만 머지않은 미래에 반드시 생겨날 직업이며 상당히 중요한 위치를 차지하게 될 것이 분명합니다.

6. 인공지능 전문가

인공지능이란 사고, 학습, 추론, 언어 능력 등을 갖춰 사람과 같이 지능적인 행동이 가능한 컴퓨터 프로그램을 말합니다. 때문에 사람의 곁에서 비서처럼, 하인처럼, 도움을 주는 로봇을 만들기 위해서 인공지능이 필수 요소입니다. 따라서 앞으로는 대부분의 로봇 제작에 인공지능 전문가가 참여하게 될 것입니다.

인공지능 전문가는 기계가 사람의 말을 이해하고 상황에 맞게 응답하는 음성 인식 시스템과 사물과 공간을 인식하는 영상 인식 프로그램, 또 사람의 감정과 심리를 파악하는 감성 인식 기술 등을 개발합니다. 과거에는 기계가 다양한 상황을 판단할 수 있도록 수많은 정보를 기계에 입력하여 인공지능의 능력을 개발시켰지만 최근에는 기계 스스로 새로운 지식을 발견하는 자기 학습 기술을 개발하는 추세입니다.

인공지능 전문가가 되려면 우선 수학적 지식이 풍부해야만 합니다. 컴퓨터 프로그램을 만드는 만큼 선형대수학 및 신호처리에 대한 기본 지식이 필수이며 자신이 생각한 바를 컴퓨터 프로그램으로 구현해낼 수 있는 코딩 능력이 매우 중요합니다. 또한 연구 트렌드가 매우 빠르게 변하므로 사회에서 요구하는 기술을 재빨리 익혀야 하므로 늘 공부하는 자세가 필요합니다.

인공지능은 비단 로봇뿐만 아니라 자율 주행 자동차, 환자의 진단 등 다양한 분야에 적용되는 기술로 4차 산업혁명의 핵심으로 꼽히고 있습니다.

그밖의
4차 산업혁명 관련 직업

1. 3D 프린팅 전문가

1980년대부터 연구되기 시작한 3D 프린팅 기술은 현재 매우 빠르게 진화하고 있습니다. 다양한 물건들을 입체적인 형태로 직접 제작할 수 있는 이 기술은 적용 범위가 의료는 물론 건축, 항공, 우주 등 대단히 다양해서 향후 4차 산업 시대의 핵심 기술로 꼽히고 있습니다. 현재 미래 유망 직업 중 가장 먼저 대중화될 직업으로 꼽히고 있습니다. 실제 미국과 우리나라 정부는 3D 프린팅 전문가를 양성하기 위해 다양한 시도를 하고 있습니다.

3D 프린팅 전문가는 제작할 물건의 3차원 설계 도면을 짜는 '3D 모델링 전문가'와 3D 프린터 노즐의 크기, 속도, 움직임 등 기계적 성능을 높이는 데 주력하는 '3D 프린터 하드웨어 기술자' 그리고 3D 프린터에서 활용할 수 있는 소재 개발을 담당하는 '3D 프린터 재료 기술자' 등 크게 세 분야로 나뉩니다.

관련 전문가들은 3년 후쯤이면 3D 프린팅 기술이 상용화될 것으로 내다보고 있어 3D 도면의 저작권을 지키는 직업, 3D 프린터를 활용한 패션 디자이너와 같은 관련 직업도 속속 생겨날 것이라 예측하고 있습니다. 우리나라에서는 다양한 관련 자격증이 신설되고 있으며 각 대학에 관련학과도 신설되고 있습니다. 향후에는 물건을 찍어내는 기술과 더불어 사용되는 재료의 다양성에 주목하고 있어서 관련 학과 졸업자들은 주목해볼 만한 직업입니다.

2. 사물 인터넷 개발자

사물 인터넷(IoT : Internet of Things)은 여러 가지 사물에 컴퓨터 시스템과 통신 장치를 장착해 사람과 사물, 다양한 공간을 인터넷으로 연결시키는 기술입니다. 사물 인터넷은 언제 어디서나 인터넷을 사용할 수 있는 유비쿼터스 환경을 기반으로 현재보다 더 빠르고, 편리한 생활을 가능하게 만들어 줍니다. 전등과 보일러와 같은 가전 기기를 원격으로 제어하는 시스템이나, 버스 도착 시간을 알려 주는 시스템, 집 밖에서도 집의 방문자를 확인할 수 있는 시스템, 모두 사물 인터넷을 활용한 것입니다.

사물 인터넷 개발자는 사물이 정보를 인식하는 데 필요한 센서와 유무선 통신 기술은 물론 사용자의 요구에 따라 사물 인터넷 구조를 설계한 뒤 온도, 초음파, 레이더, 영상 등 주변 환경으로부터 정보를 수집, 관리하는 원격 감지 센서를 개발합니다. 또 사물 인터넷 정보가 해킹당하지 않도록 막아 주는 보안 기술을 개발하고 블루투스, 와이파이와 같은 통신 장치를 구축하는 일도 함께 합니다.

사물 인터넷 전문가가 되기 위해서는 소프트웨어 프로그램을 설계하는 능력이 필요하며 컴퓨터 프로그래밍 언어를 비롯해 운영체제, 네트워크, 데이터 구조에 대한 전문적인 지식을 갖춰야 합니다.

또한 사물 인터넷 전문가는 사물에서 한 발 더 나아가 다양한 공간과 업무 절차에도 인터넷을 연결시켜 이를 효과적으로 이용할 수 있는 방법을 제시해야 하므로 단순한 기술과 지식뿐 아니라 새로운 사물에 인터넷이 연결되었을 때 일어날 수 있는 여러 가지 상황을 예측하는 능력과 이에 따른 도덕적인 가치도 생각할 수 있는 가치관이 필요한 직업입니다.

통신공학이나 컴퓨터공학, 소프트웨어공학, 전자공학, 제어계측공학을 전공하는 것이 유리합니다.

3. 가상현실 전문가

가상현실이란 실제로 있지 않은 세계를 체험하는 것으로 가상현실 전문가는 이 창조된 세계를 구현하는 데 필요한 입체적인 그래픽 시스템을 개발하는 직업입니다.

가상현실 전문가는 사용자가 필요로 하는 가상세계를 파악하고 개발 방향을 설정한 뒤 3차원 컴퓨터 그래픽 프로그램을 활용해 시스템을 설계합니다. 그리고 그래픽 디자이너와 함께 가상현실 속 배경과 캐릭터 등을 디자인하는데 입력 장치, 자세 추적 장치 등 가상현실 시스템을 사용하는

데 필요한 장비를 제작하기도 합니다.

사용자가 가상 세계라는 것을 잊을 만큼 몰입하게 만드는 것이 중요한 만큼 눈앞에 사물이 보이는 각도, 해상도, 입체성 등 기술적인 부분에서 섬세함을 발휘하는 것은 물론 마치 현실처럼 느끼게 만드는 연출력도 중요한 능력 중 하나입니다. 따라서 영상 연출 기법이나 콘텐츠 연출 기법 등 다양한 분야에 관심이 많은 사람이 지원해볼 만한 분야입니다.

가상현실 전문가는 다양한 요인들을 고려하여야 하므로 거시적인 안목과 분석력, 창의력, 공간 지각력이 동시에 요구됩니다. 또한 여러 사람들과 의견을 조율하거나 팀으로 일하는 경우가 많기 때문에 타인의 의견을 듣고 조율하는 능력, 타인과 협동하려는 의지, 원만한 대인 관계를 지속할 수 있는 능력이 필요합니다.

가상현실 전문가가 되기 위해서는 전자공학과, 정보통신공학과, 전파통신공학과, 컴퓨터정보통신공학과를 졸업하는 것이 유리합니다.

4. 빅데이터 분석가

빅데이터란 컴퓨터와 인터넷 그리고 모바일 기기 이용이 활발해지면서 사람들이 남기는 검색어, 문자 메시지, 이메일, 동영상, 블로그에 남기는 글 등 어마어마하게 많은 양의 데이터를 뜻합니다. 하지만 빅데이터는 절대적인 수치 이상의 의미가 있습니다. 현재 사람들의 관심사가 무엇이고, 자주 찾는 정보가 무엇인지, 또 한 데이터에 관심을 갖는 기간까지 알아내는 잣대이기 때문입니다. 그래서 전문가들은 디지털 시대에 빅데이터만큼 중요한 자산은 없다고 말합니다. 빅데이터 전문가는 이렇게 중요한 데이터를 관리하고 분석해 새로운 결과를 예측하며 그 정보를 제공하는 사람입니다.

　빅데이터 전문가는 정보를 분석하는 목표와 방법을 계획하는 일부터 시작하여 본격적으로 데이터를 수집하고, 수집한 대용량의 데이터를 해당 프로그램을 활용해 분석하는 일을 합니다. 또 분석 목표에 적합한 결과를 도출하면 이를 필요로 하는 사람들에게 제공할 시각 자료도 만듭니다.

　빅데이터 전문가는 기본적으로 데이터를 취합하여 분석하기에 통계학에 대한 지식이 필요합니다. 때문에 대학에서 통계학이나 컴퓨터공학, 기계공학 등을 공부하면 도움이 됩니다. 또 단순히 수치를 나열하는 연구를 하지 않기 때문에 경영학이나 마케팅 분야의 지식과 경험을 쌓아 비즈니스 컨설팅에 대한 이해의 폭을 넓히는 것이 좋습니다. 또 데이터 분석을 위한 설계 기법 활용 등에 관한 전문적인 역량이 필요하며, 사람들의 행동 패턴이나 시장 경제 등 사회적인 현상을 다루는 경우가 많기 때문에 세계의 다양한 기업과 분야별 시장 동향을 수시로 파악하는 것이 중요합니다.

　최근 대학마다 빅데이터 전문 인력 양성에 앞장서고 있어 대학원 등에 관련 학과나 교육과정이 신설되고 있는 추세이므로 관심이 있는 경우 관련 교육과정을 이수하는 것도 고려해볼 만합니다.

5. 웨어러블 공학자

웨어러블 기기란 옷, 신발, 안경처럼 입는 컴퓨터로 현재 나와 있는 구글 안경이 웨어러블 기기의 하나입니다. 웨어러블 기기를 개발하기 위해서는 먼저 어떤 용도로 이 기기를 만들 것이며 어떤 형태로 착용할 것인지 등이 명확히 드러나는 시나리오, 즉 기획안부터 만들어야 합니다. 기획안이 완성되면 이에 따라 기기 자체인 하드웨어와 기기 안에 들어가는 프로그램, 소프트웨어를 설계한 후 설계도에 따라 신제품을 개발하게 됩니다.

웨어러블 공학자가 되기 위해서는 ICT기술(전산, 컴퓨터공학, 전자공학 등)뿐 아니라 산업디자인, 인간공학, 심리학 등 여러 분야의 지식이 필요하며 하드웨어 개발자와 소프트웨어 개발자가 팀을 이루어 개발하게 되므로 타인과 소통 능력도 중요합니다.

웨어러블 컴퓨터는 몸에 착용하기 때문에 대개는 잘 구부러지거나 수십만 번을 접었다 펴도 기능이 손상되지 않아야 하므로 신소재공학이나 화학공학, 재료공학 분야에도 끊임없이 관심을 가지고 지식을 쌓는 것이 좋습니다.

<07>

로봇이 등장하는 영화

그들이 생각한 최초의 로봇

〈메트로폴리스〉

독일/SF, 드라마/전체 관람가/1927년
감독 : 프리츠 랑
등장 로봇 : 안드로이드 로봇, 마리아

영화 속 세상에는 2개의 세계가 존재합니다. 부를 소유한 사람들은 낙원인 지상 세계에서 완벽한 부를 누리며 살아가고, 가난한 노동자들은 지하 세계에서 기계를 조작하며 하루하루를 힘겹게 삶을 이어갑니다. 지상 세계의 사람들은 지하 세계의 노동자들을 철저히 착취하며 살아가지만 그것이 당연하다고 여깁니다.

어느 날 지상 세계 권력자의 아들인 '프레더'는 지하 세계 사람들의 유일한 안식처인 마리아를 우연히 보고 사랑에 빠지게 되지요. 프레더는 마리아를 만나기 위해 지하 세계에 내려가게 되고 거기서 맞닥뜨린 지하 세계의 모습에 큰 충격을 받게 됩니다. 하지만 프레더의 아버지인 프레드슨은

지하 세계로 내려간 아들에게 화를 내고 로트방과 함께 마리아를 대체할 로봇을 만들기로 합니다. 그러나 미친 과학자 로트방은 메트로폴리스를 파괴하기 위해 마리아와 똑같은 로봇을 만들었고, 곧 그의 의도대로 메트로폴리스는 파괴되고 홍수가 밀려옵니다. 위기의 그날 프레더와 진짜 마리아는 홍수의 도시에 남은 아이들을 구조합니다.

암울한 미래 세계를 그린 영화로 재미보다는 최초로 로봇이 등장한 SF 영화로서 가치가 매우 높아 로봇에 관심이 있다면 한번쯤 볼만한 영화입니다. 게다가 90년 전에 제작된 영화답지 않게 세련된 미래의 모습과 로봇의 형태 역시 눈여겨봐야 할 부분입니다.

지구를 지키는 초대형 로봇
〈퍼시픽 림〉

미국/SF, 액션, 모험/12세 관람가/2013년
감독 : 길예르모 델 토르
등장 로봇 : 초대형 로봇, 예거

2025년, 엄청난 크기의 외계 괴물 '카이주(Kaiju)'가 나타나자 전 세계가 혼돈에 빠집니다. 세계 각국의 정상들은 지구연합군인 '범태평양연합방어군'을 결성하고 초대형 로봇 '예거(Jaeger)'를 창조하여 반격에 나섭니다. 예거는 2명의 파일럿이 뇌파를 이용해 조종하는 로봇으로, 파일럿들은 카이주를 물리치기 위해 고군분투합니다.

주인공인 롤리는 예거의 파일럿으로 형과 함께 예거를 조종하지만 카이

주의 반격으로 형을 잃고 맙니다. 뇌파를 공유해 조정하는 방식이라 형의 고통을 고스란히 공유한 롤리는 파일럿의 길을 접지만 점점 강해지는 카이주의 공격에 다시 새로운 파트너와 예거를 조정하게 됩니다.

외계 괴물과 지구인들의 거대한 승부! 로봇 태권브이처럼 거대한 예거의 활약에 푹 빠지게 되는 영화입니다.

로봇의 드라마틱한 챔피언 도전기
〈리얼 스틸〉

미국/SF, 드라마, 액션/12세 관람가/2011년
감독 : 숀 레비
등장 로봇 : 복싱 로봇, 아톰

2020년, 주인공 찰리 켄튼은 챔피언 타이틀 도전에 실패한 전직 복싱 선수입니다. 더 자극적인 경기를 원하는 사람들은 사람이 아닌 로봇들의 복싱 경기에만 열광합니다. 결국 찰리 켄튼 역시 대세에 따라 로봇 복싱 경기에 도전하기로 마음을 먹습니다. 하지만 전 재산을 탈탈 털어 마련한 로봇은 계속 지기만 할 뿐 좀처럼 재기의 기회를 주지 않습니다.

그러던 어느 날 그의 아들 맥스가 우연히 고철 로봇 아톰을 발견합니다. 그런데 아톰은 놀랍게도 찰리 켄튼의 동작을 그대로 따라하는 능력을 지니고 있었습니다. 이때부터 찰리는 선수를 가르치듯 아톰에게 자신의 복싱 기술을 하나하나 가르칩니다. 그리고 마침내 찰리는 로봇들의 복싱 경기에 나서게 됩니다.

인간에게 복싱을 배워 승승장구하는 로봇 아톰의 흥미진진한 이야기와 복싱 경기에 나서는 다양한 형태의 로봇들이 볼만한 영화입니다.

똑똑해진 로봇 프로그램의 반란!
〈아이, 로봇〉

미국/SF, 스릴러, 액션, 모험 /12세 관람가/2004년
감독 : 알렉스 프로야스
등장 로봇 : 인간의 감정을 지닌 로봇, 써니

영화의 배경이 되는 2035년은 인간들이 철저히 로봇(NS-4, NS-5)을 신뢰하며 살아가는 세상입니다. 하지만 주인공인 델 스프너 형사는 모든 순간을 수치로만 판단하고 행동하는 로봇을 신뢰하지 않습니다.

어느 날 로봇 NS-4, NS-5를 개발하는 회사에서 개발자인 박사가 살해되는 사건이 발생하고 사건 해결을 위해 델 스프너가 조사에 착수하게 됩니다. 로봇의 범죄를 의심하던 델 스프너는 인간의 감정을 가진 로봇 '써니'를 동료로 삼고 살인 사건을 파헤쳐 나갑니다. 로봇들에게 공격을 당하는 등 온갖 어려움을 겪던 델 스프너는 마침내 진범을 알아냅니다. 살인 사건의 배후는 사람이 아니라 회사 안의 모든 구역을 통제하는 로봇넷 프로그램 '비키'였습니다. 비키를 파괴하기로 한 델 스프너는 최후의 공격을 시작합니다.

인간을 넘어서는 로봇 프로그램의 반란! 로봇을 개발하는 데 있어서 인간이 반드시 해결해야 할 것이 무엇인지 생각하게 만드는 영화입니다.

경찰에서 건달로

〈채피〉
〜〜〜

미국/SF, 액션, 스릴러/15세 관람가/2015년
감독 : 닐 블롬캠프
등장 로봇 : 감성 경찰 로봇, 채피

　2016년, 매일 300건의 범죄가 일어나는 요하네스버그에서는 경찰 로봇을 이용해 치안을 유지하고 있습니다. 경찰 로봇을 개발한 디온은 인공지능 경찰 로봇을 만들어보려 했지만 상부의 허락을 얻지 못합니다. 그러자 디온은 상부의 뜻을 어기고 몰래 인공지능 로봇을 만들기 위해 폐기된 로봇을 하나 가지고 빠져나오던 중에 그만 갱스터에게 납치되고 맙니다.

　갱스터가 디온을 납치한 이유는 단 하나, 은행을 털기 위해 경찰 로봇의 작동을 멈춰야 했는데, 개발자인 디온이 경찰 로봇을 멈출 수 있다고 생각했기 때문이지요. 하지만 디온에게는 경찰 로봇을 멈출 능력이 없었습니다. 그러자 갱스터들은 채피를 이용해 범죄를 저지르기로 마음을 바꿉니다. 그날부터 그들은 갱스터가 알아야 할 것들을 채피에게 하나하나 가르칩니다. 놀라운 습득력으로 갱스터가 되고 만 채피. 하지만 문제는 채피가 5일 후에 방전된다는 것입니다. 채피는 살아남기 위해 끊임없이 노력하고, 동시에 채피를 가르친 갱스터들은 다른 갱스터들과 결전을 벌입니다.

　사람보다 더 사람 같은 채피, 살아남기 위해 자신의 능력을 총동원하는 모습에서 사람과 로봇의 관계에 대해 다시 한 번 생각하게 됩니다.

마침내 인간이 된 로봇
〈바이센테니얼 맨〉

미국/SF, 드라마/전체 관람가/1999년
감독 : 크리스 콜럼버스
등장 로봇 : 가사 로봇, 앤드류

2005년 주인공인 리처드는 가사 로봇인 앤드류를 구입합니다. 집안일부터 아이들과 놀아 주는 일까지 뭐든지 척척인 앤드류는 어느 날부터 로봇답지 않은 모습을 보입니다. 원인은 앤드류 조립 중 사소한 사고로 신경계에 이상이 생겨 지능과 호기심이 생기게 된 것이죠. 인간의 마음을 지니게 된 로봇 앤드류는 자유를 찾아 떠나고 긴 여행 끝에 자신을 만든 개발자의 아들을 만나게 됩니다. 앤드류는 개발자 아들에게 인간의 외모를 갖게 해 달라고 부탁했고 마침내 인간의 외모를 갖게 된 앤드류는 집으로 돌아옵니다. 그 사이 자신이 돌보던 막내딸 아만다는 할머니가 되어 있었습니다.

아만다와 똑닮은 손녀 포티아와 사랑에 빠진 앤드류는 포티아와 똑같은 인간이 되고 싶었습니다. 앤드류는 인공장기를 달고 마침내 사람처럼 먹고 마시고 느낄 수 있게 되었지만, 법은 여전히 앤드류를 인간으로 인정하지 않았습니다. 인간이 되기를 간절히 원했던 앤드류는 포티아와 함께 늙어가면서 긴 재판을 이어갔고 마침내 죽기 직전에야 법원에서 인간임을 인정받게 됩니다.

사람보다 더 사람다운 앤드류를 통해 사람답게 사는 것이 무엇인지 깨달을 수 있습니다.

로봇! 버려도 될까요?

〈A.I.〉

미국/SF, 드라마, 환타지/12세 관람가/2001년
감독 : 스티븐 스필버그
등장 로봇 : 감정 로봇, 데이비드

로봇이 인간 대신 온갖 궂은일을 하는 먼 미래. 로봇을 개발하는 하비 박사는 감정을 지닌 인공지능 로봇 데이비드를 만들어 불치병에 걸려 냉동 인간 상태인 자신의 아들 대신 데이비드를 입양합니다. 겉모습만은 완벽한 어린이인 데이비드는 인간을 사랑하도록 프로그램되어 있어 하비 박사의 아내인 모니카를 엄마로 여기며 따릅니다. 하지만 친아들이 해동되어 집으로 돌아오자 데이비드는 심한 질투심에 사로잡힙니다. 데이비드는 모니카의 사랑을 빼앗기지 않기 위해 애쓰지만 결국 버려지고 맙니다.

모니카가 읽어 주던 피노키오 이야기를 떠올린 데이비드는 진짜 인간이 되면 모니카가 다시 사랑해 줄 것이라 믿고 홀로 요정을 찾아 나섭니다. 요정을 찾는 동안 데이비드는 인간들에게 버려지고, 폐기된 수많은 로봇들을 만나게 됩니다. 결국 1000년이 지난 후에야 꿈을 이루게 되는 데이비드.

감정을 가진 채 사람처럼 행동하는 로봇의 슬픔이 고스란히 느껴지는 영화로 미래의 동반자가 될 로봇을 우리가 어떻게 대해야 할지 생각하게 만드는 영화입니다.

내 자동차가 로봇이라고?

〈트랜스포머〉

미국/SF, 액션, 모험/12세 관람가/2007년
감독 : 마이클 베이
등장 로봇 : 자동차로 변신 가능한 로봇

주인공 샘은 낡은 차를 하나 구입했습니다. 그런데 놀랍게도 이 차는 오토봇 군단의 범블비라는 변신 로봇이었습니다. 사이버 트론이라는 행성에서 정의를 수호하는 오토봇 군단과 악을 대표하는 디셉티콘 군단이 '큐브'라는 에너지원을 찾으러 몰래 지구로 숨어들었는데, 범블리는 오토봇 군단이 샘을 보호하기 위해 파견한 트랜스포머였던 겁니다. 프라임이 이끄는 오토봇 군단은 큐브의 위치를 찾는 결정적인 열쇠를 쥔 사람이 샘이라는 걸 알고 있었던 겁니다. 그들이 찾는 큐브의 위치는 샘 할아버지의 안경에 새겨져 있었는데, 그런 사실을 모른 샘이 할아버지의 안경을 '이베이'라는 거래 사이트에서 팔았습니다. 그게 단서가 되어 디셉티콘 군단이 큐브를 찾기 위해 샘을 찾아오자, 샘을 지키기 위해 범블비가 오토봇 군단을 불러들입니다. 마침내 지구에 모인 오토봇 군단과 디셉티콘 군단은 운명을 건 숨막히는 전투를 벌입니다.

상상만 했던 변신 로봇을 선보이면서 엄청난 호응을 받은 영화로 현재 5편까지 시리즈로 (트랜스포머2-패자의 역습, 트랜스포머3-달의 어둠, 트랜스포머4-사라진 시대, 트랜스포머5-최후의 기사) 제작되었습니다.

리얼Real
로봇공학자

초판 1쇄 발행 2018년 6월 18일
초판 6쇄 발행 2023년 6월 29일

지은이 | 〈MODU〉매거진 편집부, 박지은
사진 | 〈씨네21〉 오계옥, 김좌상, 정광준, 한재권, 국립과천과학관, 카이스트, 위키미디어, 셔터스톡
펴낸곳 | (주)가나문화콘텐츠
펴낸이 | 김남전
편집장 | 유다형
편집 | 김아영
교정교열 | 주인공
디자인 | 양란희
마케팅 | 정상원 한웅 김건우
경영관리 | 임종열 김다운

출판 등록 | 2002년 2월 15일 제10-2308호
주소 | 경기도 고양시 덕양구 호원길 3-2
전화 | 02-717-5494(편집부) 02-332-7755(관리부)
팩스 | 02-324-9944
홈페이지 | ganapub.com
이메일 | ganapub@naver.com

ISBN 978-89-5736-959-3 (04300)
    978-89-5736-868-8 (세트)